MW01707681

Le Portrait d'ANDRÉ MATHIEU

Du même auteur

Riopelle, Éditions Art Global, 1996.

Maurice ou la vie ouverte, Boréal, 2005.

HÉLÈNE DE BILLY

Le Portrait d'ANDRÉ MATHIEU

Les Éditions
LA PRESSE

Catalogage avant publication de Bibliothèque et Archives nationales du Québec et de Bibliothèque et Archives Canada

Billy, Hélène de, 1954-

Le portrait d'André Mathieu

ISBN 978-2-923194-61-5

1. Mathieu, André, 1929-1968 - Romans, nouvelles, etc. I. Titre.

PS8603.I45P67 2007 C843'.6 C2007-941893-7
PS9603.I45P67 2007

Éditeur délégué :
Ara Kermoyan

Infographie :
Marc Leblanc

Révision :
Jean-Pierre Leroux

Corrections :
France Lafuste

Coordination :
Christine Rebours

Illustration de la couverture :
Léo Ayotte
Portrait d'André Mathieu, 1946
Huile sur toile, 88,7 × 75 cm
Photographie de Paul Cimon ©
Collection La Pulperie de Chicoutimi, 1991-0064

L'Éditeur bénéficie du soutien de la Société de développement des entreprises culturelles du Québec (SODEC) pour son programme d'édition et pour ses activités de promotion.

Nous reconnaissons l'aide financière du gouvernement du Canada par l'entremise du Programme d'aide au développement de l'industrie de l'édition (PADIÉ) pour nos activités d'édition.
© Les Éditions La Presse
TOUS DROITS RÉSERVÉS
Dépôt légal - 3e trimestre 2007

ISBN 978-2-923194-61-5

Imprimé et relié au Canada

Les Éditions
LA PRESSE

Président :
André Provencher

Les Éditions La Presse
7, rue Saint-Jacques
Montréal (Québec)
H2Y 1K9

514 285-4428

À mon père

Ce récit est une œuvre de fiction qui s'appuie sur une recherche minutieuse et sur des événements réels. À l'exception d'Aimé Laliberté et de ses proches qui sont des personnages inventés, et bien que plusieurs scènes soient le fruit de l'imagination de l'auteur, la plupart des personnalités qui apparaissent dans cet ouvrage sont citées sous leur vrai nom. Recueillis lors d'entrevues, tirés d'un livre, d'un poème ou d'un article, leurs propos sont généralement authentiques et ont peu ou pas été changés.

Prologue

C'était une de ces journées de l'hiver 1946. Léo a dit : *Ne bouge pas. Reste comme tu es. Ça ne prendra que quelques minutes.* Tu as répondu : *Tu me déranges, vieux. Je réfléchis.* Mais en réalité, tu étais flatté. Une odeur de térébenthine flottait dans l'air.

Léo passa derrière son chevalet. Tout en mélangeant ses couleurs, il observait tes cheveux noirs, tes prunelles sombres, tes lèvres pleines et ton nez légèrement épaté. Il repérait sur ton visage, comme sur un masque, la trace des civilisations précolombiennes. Tu n'avais que dix-sept ans et pourtant, tu paraissais sans âge. À son avis, ton charme résidait dans cette allure sauvage, comme si quelque chose de secret te reliait au territoire qui te faisait ressembler à un paysage, à un animal.

Il se mit au travail. Shsh pff pff shsh. Tu te tenais bien droit en carrant les épaules, le regard vers le lointain, conscient que ce portrait resterait unique, qu'il effacerait tous les autres. Il en est ainsi de certaines images. Le portrait de Gertrude Stein par Picasso, par exemple, qui est rapidement devenu le symbole de « la génération perdue » à travers l'œil exorbité de celle qui avait inventé cette expression. Toi aussi tu appartenais à une génération perdue. Mais il ne s'agissait pas de ça pour l'instant, mais plutôt de l'espoir que tu personnifiais. Et puisque les gens ont besoin d'icônes, ce portrait serait ta statue.

Une demi-heure passa. Il n'y avait plus aucun bruit dans la pièce hormis le crépitement du feu et le frottement du pinceau sur le canevas. Une demi-heure encore et Léo déposa sa palette. Après quoi, il s'alluma une cigarette.

– T'en veux une ?

– Je préfère les miennes, as-tu répondu en tirant une Player's *plain* de ton paquet.

Tu risquas un coup d'œil sur la toile. C'était extraordinaire. Léo t'avait représenté en leader, en visionnaire, en trappeur supérieur. Il n'avait pas changé ton apparence, ou tes vêtements – tu portais une chemise blanche ce jour-là. Mais dans ce portrait plus grand que nature, il avait misé sur ta force, sur ton coffre. Plutôt que de mettre l'accent sur tes mains, il avait fixé son attention sur ta poitrine, là où sous le coutil de la chemise on sentait presque battre ton cœur. Sur tes épaules robustes, il avait méticuleusement dessiné ton visage dans lequel il avait fait ressortir certains de tes traits, le noir bleuté de tes cheveux, l'arrondi de tes lèvres, le cuivre de ta peau, l'ombre naturelle de tes paupières. Curieusement, excepté la partition musicale en bas à droite, il avait omis toute référence au clavier, préférant te poster devant une falaise, semblable à celle que l'on trouve dans *L'Île des morts* de Böcklin, toile qui avait inspiré Sergueï Rachmaninov pour son poème symphonique et dont tu lui avais parlé.

Léo avait tout compris. Il avait saisi ta solitude, ton sens de l'honneur, la proximité des puissances de l'inconscient, ton côté sorcier. En plus, il avait eu l'ingéniosité d'évoquer le compositeur qui t'avait le plus influencé, ce Russe que tu considérais comme ton père symbolique et dont la musique t'avait inspiré. Mais il avait procédé de façon discrète, par l'intermédiaire de ce rocher dominant le paysage comme une présence surnaturelle, mystérieuse.

Il est bon de se savoir compris. Il est bon de pouvoir compter sur un ami. Tu as adressé un compliment au peintre, une sorte de remerciement bourru. Entre hommes, il ne s'agit pas de faire des manières. Néanmoins, comme tu l'as souvent répété à Léo, « on se sent bien » dans son garni.

Au 4076 de la ruelle Saint-Christophe, l'atelier de Léo Ayotte attirait à cette époque un bon nombre de ce que Montréal comptait de journalistes, d'artistes, d'écrivains. L'endroit avait une vague allure de club anglais avec ses meubles en bois rond, sa cheminée de pierre, ses trophées de chasse, ses têtes d'animaux empaillés. Suspendus au plafond, les anneaux sur lesquels le peintre s'entraînait tous les matins. Sur les murs, la cinquantaine de tableaux dont il avait également fabriqué les encadrements et qu'il t'arrivait de contempler en silence.

Il y avait aussi une bibliothèque chez Léo où s'alignaient quelques-uns des livres proscrits par l'Église que lui avait prêtés votre ami Henri Tranquille. Sur le plancher et sur les étagères, les nus sculptés, les souvenirs de voyage, la guitare, et le vieux divan sur lequel on t'avait photographié en compagnie de Charles Trenet. Le Fou chantant avait l'intention d'écrire une chanson à partir du thème d'un de tes concertos. Quand il était à Montréal, ce qui lui arrivait fréquemment durant ces années de l'immédiat après-guerre, il faisait régulièrement un saut dans l'antre de Léo.

Léo qui venait de compléter ton portrait.

– Sur quoi travailles-tu en ce moment ? te demanda-t-il en essuyant le surplus de peinture sur ses mains.

– Pas mal de choses : une pièce pour piano intitulée *Laurentienne*.

– C'est ça que tu nous as joué l'autre jour ?

– Non. L'autre jour, c'était une de mes *Suites canadiennes* : *Printemps*.

Un courant d'air pénétra dans la pièce, glacial. Au même instant, trois gars firent leur apparition sur le pas de la porte. Tu as aussitôt reconnu Serge Deyglun, ton vieux pote (tu appelles tout le monde « vieux » même quand ils ont moins de vingt ans), poète, romancier, journaliste, conférencier, amateur de chasse et expert en sciences naturelles. Il est accompagné de deux types que tu n'as jamais vus. Ils sont tous dans la fleur de l'âge, portent de longs manteaux kaki et leurs figures sont rougies par le froid. Après s'être déchaussé, Deyglun, qui est un véritable taupin, alla examiner sur le chevalet la dernière œuvre, encore humide, de Léo.

– Tu as terminé ?

– Il me reste à ajouter un nom sur la partition, en bas, à droite. Après, oui, j'ai fini.

– « *Jeune compositeur canadien le regard perdu vers l'avenir*. Huile sur toile. Signée Léo Ayotte. Un million de dollars une fois, deux fois, trois fois, vendu ! » André, vieux frère, nos petits-enfants vont s'arracher ton portrait dans cinquante ans d'ici.

– Vous savez qui on a aperçu tout à l'heure ? interrompit l'un des gars. Le jeune Barbeau.

– Marcel, l'élève de Borduas, précisa Serge. Il sortait de son atelier de la rue Saint-Hubert avec l'autre zig, un dénommé Riopelle.

– Il paraît qu'ils sont toute une gang là-dedans, observa le troisième. Font de la peinture « sous la dictée de l'inconscient ». Eh ben, ça doit être beau.

– Il faut sans doute être intelligent, blagua Léo. Moi, je me satisfais encore d'un sujet. Et puis qu'est-ce que tu dirais, André, si, pour ton portrait, je me contentais d'éclabousser ma toile avec mes pigments ? Si, pour être à la mode, je me lançais dans la peinture abstraite ?

– Je dirais que tu es un assassin de la Beauté, Léo, un assassin de l'Art. Je dirais que tu es passé du côté des poseurs et des théoriciens de la laideur...

Les gars se mirent à rire. Non pas qu'ils fussent étonnés de ta réaction, bien au contraire, mais ils aimaient t'entendre t'indigner contre ceux que tu appelais les fumistes et qui, en peinture comme en musique, ne réussissaient qu'à pondre d'insignifiants gribouillages ou d'insolubles problèmes d'algèbre. Ces compositeurs à la noix de coco, comme tu disais, qui ne savent proférer que des « cris de poule ».

Mais ce jour-là, les avant-gardistes pouvaient bien aller se faire voir chez le diable, tu n'entendais pas t'étendre sur leur cas.

– On a mieux à faire.

– Justement, Messieurs, intervint Serge en sortant une demi-douzaine de flacons d'un large sac de toile. Pendant que nos amis les abstraits s'encanaillent avec du cidre de pomme de Saint-Hilaire, je vous propose quelques petits remontants : scotch, vin, coco, morphine, marijuana et benzédrine. Qu'est-ce qui vous tente ? Ce soir, nous avons le choix.

À l'autre bout de l'atelier, Léo avait regagné son chevalet. Avec un pinceau à poil dru, il se pencha sur sa dernière œuvre et, sur la partition qu'il y avait fait figurer, il inscrivit : PRINTEMPS CANADIEN ANDRÉ MATHIEU (1946).

Puis il signa.

Première partie

NOTRE-DAME-DES-NEIGES

Montréal, le 8 juin 1979

Un an, aujourd'hui, que maman est morte.

Après la cérémonie qui se déroulait dans la chapelle de l'hôpital où elle travaillait, j'ai grimpé jusqu'au cimetière Notre-Dame-des-Neiges pour connaître l'emplacement exact où toi, André Mathieu, as été inhumé.

Au bureau de l'administration, l'employée m'a demandé si je faisais partie de la famille. J'ai hésité un instant, puis j'ai répondu oui. Elle a considéré ma tunique de soie brodée, mon collier de perles berbère, mes cheveux longs.

– On peut savoir votre nom ?

– Aimé Laliberté.

– Et votre lien de parenté avec M. Mathieu ?

– Hum... Fils présumé. Vous le connaissez peut-être, ai-je ajouté vivement. C'est un musicien célèbre.

Elle a fouillé dans un classeur, est revenue avec un numéro de pierre tombale : le R444. Elle n'avait jamais entendu parler de toi.

Il s'est mis à pleuvoir. Une pluie fine et glacée. J'ai franchi le portail qui sépare la vie civile de la cité des morts. J'ai emprunté un des sentiers qui serpentent sur le mont Royal parmi les croix, les anges et autres stèles triomphantes. J'ai franchi les sépultures, les pelouses grasses et manucurées. Quand j'ai finalement repéré la colline des R, j'avais les pieds trempés. Sous mon parapluie, j'ai scruté l'horizon en quête du 444. En vain.

Un fossoyeur qui passait par là a accepté de m'aider. Au bout d'un moment, il a suggéré d'examiner les dalles qui sont couchées parmi l'herbe. Puis il a dit : « C'est ici. »

– Vous êtes certain ?

– Absolument sûr.

Sous un marronnier, presque invisible, enfoncée dans l'humus, une plaque de granit gris entièrement nue hormis cette inscription : Famille Dr. J.A. Gagnon. Rien d'autre. Aucun extrait de ta musique. Aucune épitaphe. Pas même ton nom avec les deux dates (1929-1968) qui auraient résumé ta courte vie. Je me suis souvenu des paroles de l'employée. « Il est enterré avec sa famille maternelle. » J'ai respiré l'odeur de la terre mouillée, les trilliums à mes pieds.

Comme Mozart à qui on t'a abondamment comparé, tu n'as pas eu droit à une sépulture personnelle. Toi l'enfant prodige acclamé à Paris et à New York, toi dont on avait fait « notre gloire nationale », tu as été confortablement rayé de notre histoire officielle. Dans cette terre consacrée de Notre-Dame-des-Neiges qui est l'un des plus importants lieux de mémoire de notre pays, là où l'on aurait dû voir s'ériger le monument à la gloire de ton génie, ton souvenir disparaît derrière ce mot « Famille ». Je ne devrais pas être surpris. À Montréal, ville de ta naissance, tous les murs crient ton absence. Dans les salles de concert, les écoles de musique, les dictionnaires, et jusque dans ma propre histoire: partout, la même conspiration du silence.

J'ai dû me frotter la paupière... à moins que ce ne soit la pluie : mon rimmel a coulé. J'espère que je ne te choque pas. Apparemment, tu n'as jamais pu supporter les pédés. Remarque, je ne suis pas une tapette, mais j'ai un style un peu personnel. J'aime le brouillage des genres. À mon avis, un homme devient intéressant quand il laisse passer sa sensibilité féminine. Ça t'étonne ? Je sais : les types de ta génération acceptent difficilement que l'on se moque de leur idéal de virilité. Néanmoins, tu passais pour un rebelle.

Venu au monde avec le krach, le 18 février 1929, tu réponds à la définition du Verseau. L'enfant Verseau symbolise l'idéal des générations à venir. On le considère comme un passeur, voire comme un mutant. Il évolue à contre-courant, à contre-culture, dans les étoiles. Malheureusement, on t'a coupé les ailes. Héros enchaîné, géant entravé, tu as succombé sous le poids de nos attentes. Si bien qu'aujourd'hui il faut te juger autant sur ce que tu as fait que sur ce que tu aurais pu être.

Si tu avais eu la chance d'avoir comme moi vingt-cinq ans en 1979, tu te serais réclamé des Beatles autant que de Liszt ou de Beethoven. Tu aurais porté des pantalons lamés, des chemises à jabot, des lunettes disco, des souliers à semelles compensées. Tu te serais présenté sur scène, en perruque poudrée et brocart de soie, pour un Mozart Medley afin d'envoyer paître tous ceux qui continuaient à te comparer, vingt-cinq ans après tes débuts, à l'enfant prodige de Salzbourg. Tu te serais payé du bon temps. Et tu aurais fait de la scène. *Muss es sein ?* Le show doit-il être ? Le show est.

Je t'imagine te produisant dans les festivals, réinventant Bach et Ravel sur ton piano synthétiseur ou dirigeant en les décoiffant pour de bon tes rhapsodies romantiques. Évidemment, il aurait fallu te secouer les puces, renoncer à ton désir de plaire, troquer la tête contre les fesses, dire des gros mots aux Français. Avant toute chose, il t'aurait fallu tourner le dos une fois pour toutes à ton public de bonnes sœurs, de bourgeois compassés et de sympathisants nazis. Entre nous, ça ne t'aurait pas fait de tort. Car, au fond, c'est dans la rue que tu la voulais ta Musique. Parmi les pauvres et les déjantés, dans les stades, les usines et sous les étoiles. Parmi ce peuple que tu chérissais et dont tu voulais tellement être aimé.

Ça te surprend que je m'adresse à toi de cette façon ? Je vais t'expliquer. Je me serais bien passé de toi, mais à présent je n'ai plus le choix. Pour la simple raison que tu existes et que je ne peux t'oublier. Dans ma tête et dans mon âme, on a projeté les images de ta légende. Celles-ci ont fini par m'obséder. Je suis hanté par ta gloire, mais aussi par ta chute. Il y a également cette part du féminin que tu t'es acharné à détruire et dont j'ai hérité. Mais je ne te fais aucun reproche et je réponds de tes actes car, d'une certaine façon, je suis toi.

Une chose encore : je n'ai pas l'intention de te sauver. Trop s'y sont essayés et se sont cassé le nez sur ton inébranlable désir de te saborder. Non, je veux simplement t'apprécier pour ce que tu es et aussi te dire qu'il y a encore dans la ville où tu es né des jeunes gens assoiffés de Beauté. Je veux simplement te dire que, onze ans après ta disparition, André, le Romantisme québécois n'est pas mort.

12 juin

Moi, Aimé Laliberté, fils unique de Béatrice Laliberté, je me donne six mois pour te connaître. Six mois pour savoir si tu en vaux la peine. Je procéderai par tâtonnements, par reniflements. Comme une bête, je plongerai mon nez dans tes traces. Je flairerai tes empreintes sur le piano, l'odeur de la pluie sur ton manteau, les parfums de ta musique. Je suis un chien, André, et je n'ai peur de rien.

Jour après jour, semaine après semaine, je rédigerai dans mes carnets le compte rendu de mes pérégrinations olfactives. Je m'adresserai directement à toi pour être certain que nous ne nous perdons pas de vue, tous les deux. Car c'est bien de notre relation qu'il s'agit ici. De ton absence. De ton rendez-vous manqué avec la postérité et de l'effet que cela a produit sur moi.

Au fait, qui es-tu pour moi, André ? Un modèle ? un boulet ? Je propose d'évacuer tout sentiment pour commencer. Tu es simplement l'interlocuteur de ce journal. Il se peut que, plus tard, je te consacre une publication – un article, un livre, ma décision n'est pas encore arrêtée. De toute façon, je suis inscrit en histoire à l'université, et il faut que je produise un mémoire. Pourquoi pas sur toi ?

Derrière cette main que je te tends, il y a bien sûr le souvenir de ma mère Béatrice, que tu avais surnommée Bilitis, en l'honneur d'un récit scandaleux qu'au temps de la Grande Noirceur vous vous passiez sous le manteau.

Béa, donc, ou Bili, comme tu veux. Une fille du Bas-du-Fleuve. Un peu gitane, un peu sorcière, qui sentait le sapin baumier. Qui habitait avec son père la plus grosse maison de son village. Un jour, tu as cogné à sa porte accompagné par la bonne du curé. Tu préparais un concert. Il te fallait un piano.

C'était ton habitude de surgir ainsi dans les belles demeures des campagnes où tu te produisais. On t'accueillait avec empressement, te réservait la meilleure chambre. Pensez donc : le Mozart canadien. En général, il y avait toujours une fille pas pire non loin du piano. Tu restais une semaine, parfois deux. Après, vous vous écriviez. Il semble que cette fois, il y ait eu un imprévu : moi. Eh oui, André, le monde ne s'arrête pas avec toi. Il y a une suite, un lendemain, une lignée. J'ignore si elle t'en avait parlé. Elle était de ces personnes pour qui certaines choses ne se disent pas. Pour ma part, j'attendais l'occasion où elle passerait aux aveux, où elle identifierait l'autre moitié de mes gènes. À mesure que sa tignasse de sauvageonne se parait de filaments argent, je savais que ça viendrait. Sauf qu'au moment où elle a laissé tomber le morceau, je restai stupide comme un veau.

Été 1976, il y a trois ans, Béa avait été hospitalisée pour un premier accident cardiovasculaire.

Dans sa chambre, je regardais avec elle la cérémonie de clôture des Jeux olympiques – une télé noir et blanc, à écran neigeux. Pas très sportif de ma personne, j'étais demeuré à l'écart de la joie populaire. À cette date, j'aurais eu du mal à reconnaître Nadia Comaneci dans la rue.

Le journaliste parlait du succès des Jeux, de la gloire de Montréal et de la somptuosité des hymnes extraits de tes partitions. J'ai écouté quelques accords d'où s'est détaché le thème d'une danse amérindienne.

Devrais-je te l'avouer ? Je suis resté à peu près indifférent à cette musique jusqu'au moment où ta belle tête de bohémien est apparue à l'écran. Le front haut, les lèvres pleines, le visage songeur, tu as posé sur moi ton regard de biche blessée. Je me suis soudain aperçu que tu étais là dans la pièce avec ta souffrance d'animal pris au piège, incapable de se libérer. Odeur rance du sang séché. Ça sentait la curée.

Maman a eu un soupir : « Je l'ai bien connu. »

L'annonceur poursuivait avec enthousiasme la description de ta carrière d'enfant prodige, alors je n'ai pas répondu. De toute façon, j'avais déjà entendu parler de ton bref séjour chez mon grand-père où, jeune prodige à la crinière de cheval, tu avais honoré le piano de tes compositions mais aussi des accords de Gershwin et de Rachmaninov. Je voulais cependant en savoir davantage sur tes dons précoces, ton génie reconnu par les plus grands critiques, là-bas à Paris, quand tu n'avais que sept ans.

On t'avait oublié, déplorait le présentateur, et on le regrettait. Mais tout s'arrangeait en cette fabuleuse année des Jeux olympiques de Montréal. Les différents airs tirés de ta musique avaient remporté un tel succès, disait-il, que le monde entier souhaitait à présent connaître l'œuvre d'André Mathieu. Tony Bennett avait téléphoné. Sinatra se montrait intéressé. On te sollicitait dans les grandes capitales du monde. Tu aurais enfin droit à la gloire ! Évidemment, rien de tout cela ne se concrétiserait, je peux malheureusement te le prédire déjà. Mais ça faisait du bien d'entendre cela.

Maman, d'ailleurs, a semblé soulagée. Sans détourner son regard de la télé, elle a repris : « Si jamais on te dit qu'il est ton père, c'est probablement vrai. »

Je suis demeuré sans voix. Comment ça, *mon père ?* Comment ça, *probablement vrai ?* Je regardai maman, désemparé. Je n'osais pas lui en demander davantage. Étrangement, après avoir tant espéré qu'elle s'épancherait, je lui en voulais maintenant de se confier. Quelque chose qu'on désire savoir à tout prix, mais dont on se détourne le moment venu.

J'avais désormais un passé.

* * *

Plusieurs semaines s'écoulèrent. Béa et moi évitions de parler de toi. Une sorte de pudeur nous retenait. Odeur de soufre : comme si, en soulevant la pierre de ton tombeau, de très vieux démons risquaient d'en sortir. Sauf que, derrière cette armée de griffons et de vipères, on décelait une présence céleste : ta musique.

Nous voulions entendre ta musique, André, la vraie et non pas la version optimiste concoctée pour les Olympiques. Oui, nous voulions toucher ton rêve, nous laisser aller au son de tes accords romantiques.

Mais il n'y avait dans ce pays ni enregistrements, ni partitions, ni statues, ni affiches, ni concerts. Rien jusqu'à l'annonce d'un événement exceptionnel surgissant inopinément dans le calendrier musical montréalais comme un lapin hors du chapeau du magicien.

Octobre 1976, l'orchestre venait de Toulouse, le soliste, de Belgique, mais le programme portait bel et bien ta signature avec tes *Scènes de ballet* et, surtout, ton *Concerto de Québec pour piano et orchestre*. Ce fameux concerto dont tout le monde avait une vague idée mais que personne ou presque n'avait réellement entendu.

L'événement devait inaugurer la salle André-Mathieu à Laval – eh oui, une nouvelle salle de concert venait d'être baptisée en ton honneur en banlieue de Montréal ! C'était trop beau pour y croire et, jusqu'au dernier instant, maman et moi nous tenions sur nos gardes. Le concert, d'ailleurs, faillit être annulé. À notre arrivée sur les lieux, des piquets de grève nous en interdisaient l'entrée. De jeunes gars, techniciens ou machinistes, faisaient la grève pour obtenir des salaires décents. Selon la rumeur qui circulait dans la file d'attente, les organisateurs de l'événement ont fait appel à leur fibre patriotique.

Ainsi, avant même que la première note de ta musique eut résonné à nos oreilles, ton charme opéra. Pour rendre hommage à notre gloire nationale, à notre héros d'une jeunesse pareille à la leur, les grévistes acceptèrent de surseoir à leurs revendications. Ils remisèrent leurs pancartes et livrèrent passage à l'assemblée distinguée : il y avait parmi nous quelques grosses légumes, dont la députée Jeanne Sauvé.

Avec Béa, je pris place au parterre. Les lumières s'éteignirent. La musique s'éleva comme une vapeur brillante et lumineuse, transcendante et bienheureuse. Ça sentait le sapin sous la glace, ça rappelait les larmes et les prières, les oies sauvages et les rivières. Ça évoquait la joie, mais aussi la mélancolie. Ça parlait de Béa, de son enfance au bord du fleuve. J'absorbai chaque note de ton *Concerto de Québec*, et de son thème rachmaninovien, conscient que je ne le réentendrais pas de sitôt. Une magie s'installa en moi, malgré moi. C'était comme si j'assistais à la matérialisation de mon âme. Maman pleura.

Le concert terminé, une réception avait lieu dans le hall à laquelle nous n'étions pas invités. « Nous non plus », fit remarquer une dame qui gagnait la sortie avec nous. « Pourtant, ajouta-t-elle avec un demi-sourire, on a eu un rôle à jouer dans cette soirée, n'est-ce pas, Marion ? »

Marguerite Beauchemin nous présenta sa fille Marion qui, sans préambule, déclara : « C'est chez nous qu'André Mathieu a composé son *Concerto de Québec*. »

Je ne pus m'empêcher de pousser un petit cri.

« Sur le piano de notre maison du quartier Montcalm, au 57, rue Lévis, à Québec, précisa Marion. Nous étions des amis des Mathieu. Quand il passait dans la région, André dormait très souvent chez nous. En plein milieu de la nuit, on l'a entendu piocher dans le mur. »

« C'était durant la guerre, l'interrompit Mme Beauchemin. Il devait avoir douze ou treize ans. Ses coups résonnaient dans toute la maison. Je me suis levée d'un bond. Dans la chambre d'amis, marchant de long en large comme un fauve dans sa cage, André me lance : Madame Beauchemin, j'ai le thème ! Aussitôt mes enfants et mon mari se sont amenés. Comme si nous espérions ce moment depuis toujours, nous avons suivi notre hôte devant le piano, et c'est en pleine nuit qu'il nous a joué le thème de son troisième concerto, celui qu'on appelle le *Concerto de Québec*. Oui, le thème du mouvement lent que vous avez entendu ce soir. La la la la la. Nous n'oublierons jamais ce moment, n'est-ce pas Marion ? »

Béa était sceptique. « Les gens racontent n'importe quoi. » Mais j'ai vérifié, il s'agit de la vérité, un mot de ta maman à Mme Beauchemin le confirme. Par la suite, les dames Beauchemin m'ont montré quelques-unes de tes lettres de jeunesse, adressées au fils de leur famille, celui que tu appelais avec humour « le Baron Guy de Beauchemin, Marquis du bas du Pantalon ». Parmi les quelques feuillets que j'ai pu examiner, j'ai recopié un très beau passage que tu as tapé à la machine. On trouve dans ces quelques lignes un aperçu poignant de ta sensibilité au moment où, après avoir terminé une première ébauche de ton *Concerto de Québec*, tu entames la composition de tes *Rhapsodies sur les saisons*.

Tu te souviens ? Printemps 1943, les trois mille employés des tramways de Montréal viennent de déclencher une grève. La métropole est paralysée – « la rue Sainte-Catherine pleine à déborder », soulignes-tu à Guy Beauchemin. Durant la fin de semaine précédente, tu es allé aux sucres.

À quatorze ans, tu es un *boy composer*, comme on t'appelle à New York, au summum de tes capacités créatrices. Davantage qu'un simple divertissement familial, cette partie de sucres en forêt représente pour toi l'occasion de communiquer avec la nature dans une sorte de rituel fait de réflexions et d'hallucinations.

Voici comment tu décris cette expérience: « *Je me suis promené dans le bois seul... à chaque coin obscur, je vis des choses ha mais... des choses... de grandes et belles Corvettes échouées sur des plages désertes... c'est à voir... et avec ça, une torpille en plein dans les flancs, mais ces pauvres CORVETTES n'avaient pas l'air d'être trop touchées...* »

Dans chaque coin obscur de cette forêt, tu « vois » ces « pauvres corvettes » et leurs carcasses éventrées. Bien sûr, dans l'Atlantique nord durant ces temps de guerre, les sous-marins allemands rôdent. Un jeune garçon est forcément impressionné par ce qu'il lit dans les journaux, et l'on sait combien tu es accro de l'actualité. Il faut cependant percevoir dans ces visions davantage que de simples inventions : le signe d'une communication intime avec les forces de l'invisible, une attention particulière au fluide lumineux qui s'échappe des choses.

On ne peut s'empêcher de penser au *Vaisseau d'or* d'Émile Nelligan, écrit par un garçon à peine plus âgé que toi une quarantaine d'années auparavant. Le vaisseau taillé dans l'or massif qui, symbolisant l'âme du poète, sombre dans l'abîme du rêve. Au moment où il écrit son chef-d'œuvre, Nelligan, qui est sur le point d'être interné chez les fous, a brûlé tous ses vaisseaux. Son naufrage est consommé. À l'opposé, ta flotte « n'a pas l'air d'être trop touchée ». Malgré la torpille qu'elles ont prise « en plein dans les flancs », tes corvettes peuvent poursuivre leur croisière. Aussi, sans quitter la forêt de ton imagination, tu poursuis ta réflexion, mais, cette fois, dans une veine plus épique. On peut presque entendre la musique :

« *Plus loin, j'arrivai dans une grande clairière où une multitude de branches mortes gisaient là. Au loin dans l'horizon, un magnifique coucher de soleil, il était d'un rouge éclatant, avec des nuages assez obscurs qu'on apercevait vaguement dans le ciel, cela formait comme une sorte de brouillard tragique, c'était vraiment beau, je t'assure que cela nous donne l'occasion de réfléchir sur la vie et aussi sur les beautés de la nature, ensuite la neige s'étendait à perte de vue et formait comme un grand tapis blanc en plus les montagnes couvertes elles aussi de neige éclatante, c'était sublime ha vraiment le Pays de Québec est beau, mais une beauté pas comme les autres, une beauté rude, sauvage même. C'est quand je vois ces paysages uniques se dérouler devant mes yeux, c'est là que je constate combien est chère pour tout bon Canadien la Patrie, cette Patrie qui nous a vus naître et que quelquefois nous serions prêts à renier.* »

À aucun moment dans ce compte rendu qui ressemble étrangement à la description d'un paysage d'Ozias Leduc (*Neige dorée*, par exemple) tu n'évoques les mille bruits de cette nature, soit le sifflement du vent, le craquement des bouleaux, le tintement de la source, le croassement des corbeaux. Plutôt que de vibrer à l'univers des sons, il semble que tu te laisses émouvoir davantage par les paysages, cette « sorte de brouillard tragique » où tu trouves le reflet de ton âme. Tu réagis comme un peintre, et un certain critique n'avait pas tort de te qualifier de « créateur d'images musicales ». Voilà pourquoi cette page écrite à quatorze ans est si révélatrice. Elle livre ta façon de voir, qui est aussi ta façon de composer.

17 juin

Terrassée par un deuxième accident cardiovasculaire, maman a quitté cette terre exactement dix ans après toi, durant les premiers jours de juin 1978. Elle s'est éteinte sans bruit comme une bougie dans la nuit, aussi discrète dans la mort qu'elle l'avait été dans la vie. Selon ses dernières volontés, j'ai dispersé ses cendres au-dessus du fleuve.

Béa ne savait pas si elle t'aimait ou si elle t'en voulait. Un jour, à propos d'une de tes résurrections épisodiques (on annonçait la création d'une Fondation André-Mathieu), elle a eu ce très mauvais jeu de mots : « Pourquoi ne l'ont-ils pas laissé dormir dans sa bière ? »

Elle te réduisait à ton image de clochard dans les tavernes du Plateau-Mont-Royal. Elle invoquait ton alcoolisme pour te barrer la route vers l'immortalité. Je la contemplai, incrédule. Jamais je ne l'avais trouvée si injuste, si amère. Elle baissa les yeux. Puis elle les ferma à jamais. Dans une valise, parmi ses papiers, je trouvai des coupures de presse sur toi, dont plusieurs dataient de l'année de ma naissance.

Je suis venu au monde le 22 juillet 1954, l'année de ton premier pianothon. Après des années de silence, les médias s'intéressaient enfin à toi. Comme tout artiste en manque d'applaudissements, tu expérimentais à travers ce retour à la scène un véritable nirvana narcissique. Tu ne portais plus à terre. D'une certaine façon, tu n'as jamais pensé qu'à toi.

Tu as remarqué ? Mon bras gauche est atrophié. Déformation prénatale, je suis arrivé ici-bas avec un avant-bras en moins, ma main s'étant directement soudée à mon coude. Si Béa avait jamais espéré faire de moi un musicien, c'était foutu. Fille-mère sans emploi (elle terminera son cours d'infirmière après ma naissance), abandonnée par le père de son enfant, elle accouchait d'un avorton infirme. Notre aventure débutait sur un mauvais pied.

Eh bien, tu seras surpris, petit père. Avec le peu que nous possédions, nous avons été prodigieusement heureux. Béa n'avait pas lu Khalil Gibran, pourtant, elle respectait les préceptes de l'auteur du *Prophète* : « Vos enfants ne sont pas vos enfants. Ils sont fils et filles de l'appel de la Vie à elle-même. Ils viennent à travers vous mais non de vous… » Odeurs de pain d'épice, de pamplemousse rose et de blanquette de veau. Elle m'aimait, d'où mon prénom, d'où mon assurance tranquille.

En plus, elle croyait en moi, comme on croit au jeune amélanchier qu'on a planté au printemps et qui donnera ses fruits durant l'été. Peu importe la forme, l'étendue ou la maladresse de mes essais, elle m'encourageait à continuer, à pousser. Rarement a-t-on vu mère aussi solidaire. Quand j'ai voulu m'inscrire aux Jeunes talents Catelli, elle m'a composé une chanson. Quand j'ai commencé à bricoler des marionnettes dans notre salon, elle m'a fabriqué un théâtre. Quand j'ai pris mes premières photos, elle a installé une chambre noire dans notre unique salle de bains. Quand j'ai voulu devenir échassier, elle m'a fabriqué une superbe cape en satin bleu et or qui a émerveillé tout le quartier. Ce que j'entreprenais l'éblouissait. Elle disait : « C'est votre génération qui nous sauvera, Aimé. »

Toute cette agitation, il fallait s'y attendre, a causé des retards dans mon cursus scolaire. À vingt-cinq ans, je fais toujours des fautes de français. Maman aurait pu en concevoir une inquiétude. Au contraire, elle ne cessait de répéter : « Avec ton intelligence et ta sensibilité, tu sauras rattraper le temps perdu. » Je t'exposerai plus tard les avantages qu'il y a à ajourner son entrée dans le monde des adultes. Chose certaine, j'ai pris mon temps. Si bien qu'aujourd'hui ma vie n'a pas encore débuté.

Toi, par contre, tu t'es affirmé très tôt comme un *puer senex*, un « enfant vieillard », comme on définissait le prodige durant l'Antiquité. Un adulte en miniature. Un vieux chêne dans un corps d'arbrisseau. On peut imaginer les acrobaties que tu as réalisées pour accomplir une telle prouesse.

Mais les gens adorent les contorsionnistes. Surtout dans les pays de tradition catholique. C'est bien connu. Nous, les papistes, vénérons les surdoués qui changent l'eau en vin et qui multiplient les petits pains. Il paraît que c'est à cause de lui, Jésus. Comme enfant prodige, le Nazaréen est difficile à battre. Tous ces miracles, et cette sagesse à un si jeune âge. Rappelle-toi lorsqu'il faisait la leçon aux docteurs dans le temple. Tu te souviens de ce qu'il disait à Marie : « Ne me regarde pas comme n'étant qu'un enfant, je suis un homme parfait » ?

On trouve dans cette déclaration une constante de l'enfant précoce : sa lucidité. Le génie sait qu'il est unique. Il n'a pas de temps à perdre (une fois sur deux, les dons s'évaporent sur le coup de minuit, c'est-à-dire à la puberté) et il a besoin de laisser des traces : moi, à cinq ans, j'ai composé telle et telle pièce. Le petit phénomène prévoit en effet qu'il sera appelé à devenir un sujet d'étude plus tard. Mais pour se développer, il doit pouvoir compter sur une humble Marie, un bon Joseph. Voilà pourquoi tant de jeunes Mozart ont été envahis par des parents attentifs, voire obsessifs, complètement-dévoués-à-leur-divin-enfant.

Cependant, le génie se paie, et si tous les enfants miracles ne finissent pas crucifiés, beaucoup meurent prématurément. C'est le cas de Mozart qui est décédé à trente-cinq ans, Weber à trente-neuf, Schubert à trente et un, Bizet à trente-sept, Mendelssohn à trente-huit, Chopin à trente-neuf, etc. Car la précocité use son homme, le désillusionne souvent, le vide toujours. Mais ici je ne t'apprends rien puisque tu étais fasciné par ces supermen du clavier qui possédaient une conscience prémonitoire de leur destin malheureux ou qui, tel Schumann, se détruisaient eux-mêmes dans leur création.

Génies malheureux donc, et incompris forcément. Ce qui m'amène à cette conversation que tu aurais eue six mois avant de mourir avec un homme qui s'étonnait de te savoir sans emploi.

« Tu ne fais rien ? »

« Et toi, lui as-tu lancé, que faisais-tu à cinq ans ? »

Comme l'autre ne répondait pas, tu as poursuivi : « Eh bien, moi, à cinq ans, je composais et je donnais des concerts. »

18 juin

D'après la légende, ton père t'avait formellement interdit le piano.

Selon ses propres termes : « Il y a assez d'un musicien dans la famille. » Et puis, à Montréal, les artistes étaient ignorés, méprisés, jetés en pâture à la foule. Rodolphe Mathieu était bien placé pour le savoir. Après avoir passé vingt ans à créer, à préparer des concerts, à enseigner, à essayer de faire évoluer les mentalités, il était toujours en butte à l'incompréhension et comme à l'hostilité de ses compatriotes. Considéré comme le pionnier de la musique moderne au Québec, et le meilleur compositeur de sa génération, il n'avait toujours droit à aucun soutien, à aucune considération. Alors que sous d'autres cieux il aurait bénéficié d'un emploi dans un conservatoire, voire d'une chaire d'études, il vivotait à Montréal en donnant des cours privés dans des appartements toujours plus petits à mesure que ses revenus diminuaient.

À quarante ans, ton père qui avait passé près, de dix ans en Europe, s'était replié sur le mariage et l'enseignement. Il aimait éperdument ta mère,

Wilhelmine Gagnon, qui avait vingt ans de moins que lui. De fait, cette violoniste qu'il avait rencontrée dans la rue représentait l'unique récompense de sa vie. Il avait du mal à lui refuser quoi que ce soit. Sans doute se sentait-il sourdement menacé par ta présence, toi qui étais arrivé très tôt dans sa vie de couple, le 18 février 1929.

S'il n'en tenait qu'à lui, tu serais médecin, vedette de hockey ou fonctionnaire. Concertiste, jamais. Compositeur, encore moins. Mais ta mère, qui prétendait posséder des dons de voyante, rêvait pour toi d'un avenir autrement glorieux. Déjà, alors que tu n'étais qu'un petit nuage dans son ventre, elle avait deviné tes dons. Elle ne devait jamais plus en douter.

– Regarde, disait-elle à son mari. À trois mois, il perce ses premières dents. C'est un signe.

– Le signe qu'il sera un grand mangeur, essayait de plaisanter ton père. Il est costaud. On en fera un dompteur de lions.

Sous ses dehors de madone, ta mère sentait le cuir et la poudre à canon. Elle tenait cet héritage de son ancêtre maternel, un combattant de la Rébellion de 1837 qui avait survécu au massacre de Saint-Eustache. Ce patriote qui avait fait le coup de fusil contre les Anglais s'appelait Proulx, comme ta grand-mère. La révolte écrasée, il s'était caché dans une ferme. Puis il était parti en Californie où il avait tenté sa chance dans la ruée vers l'or. Fortune faite, il était revenu épouser la plus belle fille de son village. Ses exploits faisaient partie de la légende familiale. Ta mère ne se lassait pas de t'en relater les détails.

Le Patriote et le Piano : ces deux figures qui ont dominé ton enfance avaient fini par se fondre comme dans la métempsycose les contours d'une vie antérieure. Parfois, durant ton sommeil, le patriote s'adressait à toi. Le plus souvent, sa voix te parvenait à travers le piano.

« Approche, disait-il. N'aie pas peur. Il y a un trésor caché dans mon coffre. »

Comme toi, ta maman entendait les appels du piano. Quand ton père était sorti, avec son accord tu te précipitais vers Lui. Respectueux, tu commençais par enfoncer ton doigt dans son ventre en damier. Tu mesurais l'effet de cette pression sur la touche blanche. Puis tu recommençais avec la noire. Ton petit visage prenait un air attentif. Tu essayais encore, plus vite, en faisant alterner les notes. Tu reconnaissais dans cette cadence le rythme d'un train, le battement d'ailes d'un insecte. Comme lors d'un récent pique-nique alors que tu t'étais fait piquer par une abeille. Il te semblait alors que tu pouvais raconter cette histoire avec le clavier. Cette composition s'intitulera *Abeilles piquantes*.

Quand, plus tard, résonnaient les pas du maître de musique dans le hall d'entrée, maman poussait un petit cri. Vite, fermer le couvercle du piano. Regagner le salon. Reprendre le rôle du bon fils.

« Bonjour papa. Vous allez bien ? »

Ouf. Il n'avait rien entendu. Un peu essoufflée, Minou te serrait contre sa poitrine. Boum boum boum. Tu sentais à travers l'étoffe parfumée les battements accélérés de son cœur.

Sauf pour ton père qui l'appelle Mimi (une référence à *La Bohème* de Puccini), ta mère répond au diminutif de Minou, un prénom caressant qui est pas mal plus rigolo que le Wilhelmine qui figure sur son acte de naissance.

Tu n'as que deux ans, mais tu sais déjà qu'elle et toi, c'est pour la vie. Le soir, elle te berce de chansons, elle joue du violon pour toi, elle te conte des histoires. Elle te parle des astres, elle te transmet ses visions, elle te confie ses secrets. Un peu sorcière, ta mère sait tout sur la magie des sons. En plus, elle rebaptise le monde à sa façon.

Par exemple, toi, elle t'appelle Foufou, parce que tu sais te montrer imaginatif et que tu ne tiens pas en place. Ta petite sœur, c'est Camillette, à cause de sa mignonne frimousse qui pointe dans son berceau. Ta marraine Camille, la sœur de ta mère, elle est pour vous tante Manille, parce que sinon on la confondrait avec ta sœur, mais aussi parce qu'elle sent bon la vanille. Et ainsi de suite pour tous les êtres et animaux qui vous entourent et auxquels, ensemble, vous attribuez des sobriquets amusants.

Tous sauf Rodolphe, que tu appelles papa et que tu vouvoies. Papa qui, un jour, vous surprend au-dessus du piano.

« Qu'est-ce que vous fabriquez tous les deux ? »

Il domine la pièce avec ses six pieds, sa moustache, sa mâchoire carrée et ses yeux bleu acier. Ses joues sont en feu. Ses sourcils sont comme des filaments électriques qui lancent des éclairs. Son visage toujours sévère trahit l'indignation, mais aussi la tristesse et la déception. Ainsi, pendant qu'il avait le dos tourné, vous vous moquiez de lui, faisant fi de ses ordres, de son autorité. Il fixe longuement ta menue maman qui, ramassant son courage, décide de l'affronter.

« Je t'en prie, Rodolphe, écoute-le. »

Il baisse la tête. Tu t'avances calmement et, le plus simplement du monde, tu sers à ton père, ce créateur désenchanté, les premières esquisses de ton génie à peine éclos, dont la fine fleur de la critique musicale européenne dira bientôt qu'il possède une fraîcheur incomparable et une ingénuité absolue. La pièce s'appelle *Dans la nuit*, et comme son nom l'indique, tu en as accouché après le coucher du soleil, un soir où Rodolphe s'était absenté.

La prestation terminée, un silence envahit la pièce. Ton papa prend la parole. Il doit se rendre à l'évidence : tu es un enfant surdoué. Il déclarera plus tard à un journaliste : « *I don't want my son to be a genius but he is.* » Il accepte de te donner des leçons. Voilà qui est dit. Minou se jette à son cou, le couvre de baisers. Pendant un instant, tu observes la scène, à l'écart. Le dragon a été terrassé. Une seule estocade a suffi. Tu en es ébaubi.

Voilà comment tu es né en tant qu'artiste. En usurpant le pouvoir du père, en dérobant le feu des mains du Créateur. Avec la complicité de ta mère, tu as renversé l'ordre établi. Tu as pris le relais du patriote. Sauf que toi, tu as réussi ton coup. Désormais, c'est toi le chef. Ton père, ce tigre de papier, est écarté.

Avec maman, tu es aux anges. Vous riez comme des petites filles. « On a gagné nos épaulettes, ma luron ma lurette... On a gagné... »

Quelque temps après, vous vous installez au 4519, rue Berri, dans la maison d'Albina Proulx-Gagnon, ta grand-mère maternelle, près du parc

Lafontaine, dans ce quartier où tu es né quelques années plus tôt.

Les raisons invoquées sont économiques. En 1933, on est au plus fort de la crise. À Montréal, beaucoup de gens n'arrivent plus à se nourrir, à se chauffer. Les cours de piano, dans ce contexte, on peut s'en passer. Rodolphe n'a guère le choix d'accepter l'hospitalité de sa belle-mère, madame veuve docteur J.A. Gagnon.

De ta grand-mère, Albina Proulx, on ne sait pas grand-chose, sinon qu'elle règne sur un clan de femmes (il n'y a plus d'hommes chez les Gagnon depuis le décès de ton grand-père peu de temps après ta naissance en 1929) et qu'elle n'a jamais accepté son gendre. La cause de cet ostracisme : l'athéisme de ton père. En 1934, Rodolphe Mathieu, ce « retour d'Europe » qui porte un béret et boit du vin, est l'un des rares Canadiens français qui refusent de mettre les pieds dans une église. On raconte que c'est durant son séjour à Paris que ce natif de Portneuf, baptisé dans la belle église de Grondines, a perdu la foi. Au grand dam de la famille Gagnon, il n'a accepté de faire bénir son union avec ta mère que trois mois avant ta naissance. Par la suite, il a refusé d'assister à ton baptême.

La première fracture est là. Dans la guerre de religion qui secoue ta parentèle, avec, d'une part, Rodolphe le sans-Dieu, l'apostat, l'hérétique et, de l'autre, les matriarches de ta lignée, courageuses, ambitieuses, superstitieuses, croyantes. Les piliers de notre société. Toi, tu choisis le côté métaphysico-pratique des femmes, tu choisis la part de Dieu. Jusqu'à ton heure dernière, tu adhéreras au dogme de ta mère selon lequel la musique est un message du Grand Céleste que les créateurs-musiciens doivent transmettre aux hommes.

Adepte de religions plus modernes, comme la psychanalyse, ou plus ésotériques, comme le spiritisme, Rodolphe se trouve donc isolé face au reste de la famille. De fait, tout le monde est ligué contre lui. Position intenable. Même ses propres sœurs, mère Sainte-Gertrude et mère Saint-Louis de la Croix, de la congrégation Notre-Dame, s'unissent avec la belle-famille pour que tu donnes ton premier concert dans leur institution.

Le 13 février 1934, à l'âge de quatre ans, tu signes ton premier contrat « professionnel » en apposant un X sous ton nom – que ton père contresigne. Pour cinq dollars, tu t'engages à jouer trois de tes compositions à l'Académie Notre-Dame. La révérende mère supérieure paraphe également le document du Canadian Institute of Music, la société de concerts que dirige ton père.

En principe, ce petit récital est ni plus ni moins une réunion de famille et ne porte pas à conséquence. Mais personne n'est dupe. Et douze mois plus tard, quand tu te produiras aux Soirées Mathieu, que Rodolphe organise depuis 1930 pour donner à Montréal une vie culturelle digne de ce nom, plus rien ne pourra t'arrêter. La prophétie se réalise. Ta mère peut dormir tranquille. Quant à ton père, il te cède la place.

Est-ce l'envie ou la peur des comparaisons qui a incité ton père à édicter cette règle absurde dont tu seras la victime autant que lui-même ? « Il ne saurait y avoir plus d'un compositeur dans la famille. »

Dès le départ, c'était toi ou lui. Comme tu étais le plus doué, tu as remporté le duel. Victoire à la Pyrrhus. On ne bat pas son père impunément. Comme un poison dont l'effet se fait sentir lentement, ton exploit finira par te peser, par te consumer.

Rodolphe aurait pourtant dû savoir que la musique est partage, lui qui avait grandi au sein d'un clan où chaque membre jouait d'un instrument. Mais loin du village de Grondines, de ses soirées dansantes et de ses violoneux, il était devenu inquiet et soupçonneux. La mesquinerie dont il avait été la cible avait peut-être fini par déteindre sur lui.

Il t'a traité en rival alors que tu n'étais que son petit garçon turbulent, impatient de faire plaisir à sa maman. Comme me le disait un vieil ami, dans ce temps-là, l'affection était difficile.

19 juin

Ce matin, le téléphone m'a réveillé : « Laissez tomber vos recherches sur le pianiste. Sinon il risque de vous arriver malheur. Vous n'êtes pas au courant ? Il existe une malédiction à l'égard de ceux qui tentent de s'approcher d'André Mathieu. »

Le type est un écrivain qui, depuis trois ans, essaie de mettre de l'ordre dans le scénario tortueux de ta vie. De toute évidence, il n'y est pas parvenu. Durant des mois, il a traqué tes manuscrits, retracé tes anciens amis. Il en a perdu le sommeil. « Je l'ai tellement aimé. Puis il m'a déçu. J'ai cru devenir fou », a-t-il dit.

À son avis, il n'y a aucune affirmation incontestable que l'on puisse faire à ton sujet. Quel que soit l'angle sous lequel on envisage les événements auxquels tu as été mêlé, le résultat est flou, imprécis et contradictoire. Quant à ta musique, elle s'est éparpillée dans le vent, victime de négligence, de l'ignorance et de l'oubli. Même ta mort est sujette à caution, a-t-il ajouté.

« Mais il est mort. De ça on est certain, non ? »

Il a ignoré ma plaisanterie.

« D'après ce qui a été rapporté, a-t-il enchaîné, André Mathieu a été retrouvé sans vie le 2 juin 1968 entre 21 h 30 et 22 heures dans un appartement du quartier Côte-des-Neiges, à Montréal. C'est une amie, la locataire de l'appartement en question, qui a découvert le corps – elle revenait d'une excursion à la campagne. Mathieu était allongé sur le lit, habillé, les mains repliées sur sa poitrine. Aussitôt averti, le concierge de l'immeuble a appelé la police. Un inspecteur a enregistré les dépositions des témoins. Un médecin est aussi venu constater le décès. Mais leurs comptes rendus restent introuvables. »

Il cite un agent de la Gendarmerie royale du Canada qui aurait eu accès au rapport émis par ses collègues de la police de Montréal et qui lui aurait dit : « Il y a quelque chose de pas net dans le dossier Mathieu. »

Pas net ? À bout de nerfs, l'écrivain a préféré ne pas interroger sa mystérieuse source – dont il refuse par ailleurs de me transmettre l'identité. Toutefois, il pense que la crise cardiaque dont les journaux ont parlé comme étant la cause de ta mort est une mise en scène. Il soupçonne un suicide ou un assassinat.

– Mais cet agent de la GRC, on peut s'y fier ?

– On ne peut se fier à personne, a-t-il répliqué sur un ton presque menaçant. Plusieurs témoins mentent effrontément. Certains ont des choses à cacher. D'autres – des femmes surtout –, inventent des histoires pour qu'on parle d'elles. Pour vous dire, il y a tout un pan de la mémoire de Mathieu qui a été kidnappé par des faussaires. Les plus candides prétendent s'entretenir avec lui par-delà la tombe.

J'ai rencontré une femme qui s'adressait à ses boutons de manchette pour connaître les numéros gagnants de la loterie.

– Et ça a marché ?

– Vous vous croyez malin, mais vous verrez. L'expérience m'a appris qu'il ne faut pas sous-estimer les puissances occultes qui planent sur le souvenir de Mathieu. Une fois que vous mettez les pieds dans cet univers-là, vous ne contrôlez plus rien. Vous entendrez des airs en vous mettant au lit, vous vous réveillerez au son de plaintes et de sanglots. Votre esprit s'embrouillera. Quand vous penserez avoir compris, c'est là que le doute commencera à vous gagner. Le nombre de gens qui ont perdu leur vie à essayer de démêler les fils inextricables de cette vie, vous n'avez pas idée.

Il a raccroché.

Généralement, ce genre de propos ne m'impressionne guère. Mais durant la journée, je n'ai cessé d'y penser. Plus tard, j'en ai parlé à Robertine, mon professeur d'histoire. Elle s'est mise à rire.

« Je ne pense pas que tu iras en enfer pour avoir osé te pencher sur la vie du grand homme », a-t-elle dit.

Née à Toulouse, mariée à un Québécois, mère d'une fille de dix ans, Robertine Vidal dirige le département d'histoire de l'Université de Montréal. Quand elle est arrivée au Québec il y a une vingtaine d'années, Béa l'a aidée. J'avais à peine quatre ou cinq ans à l'époque et maman faisait partie d'une association de bénévoles qui offraient des services de première ligne aux immigrants. Elle a accueilli Robertine et s'en est occupée comme si elle était sa propre fille. Elle lui a trouvé une chambre et elle l'a soignée.

Robertine est tout sauf une ingrate. À mon arrivée au département, elle m'a pris sous son aile. Quand j'ai évoqué le projet d'écrire quelque chose à ton sujet, elle a d'abord eu un mouvement de recul. Puis, elle a posé ses conditions : « J'accepte de te diriger si tu me fais la promesse formelle d'ignorer les rumeurs extravagantes qui circulent sur son compte. » Robertine est de la vieille école. Elle croit uniquement aux faits.

– La réalité historique de ton personnage, a-t-elle plaidé, a été contaminée par la vision idéaliste, nationaliste et dévote de ses premiers propagandistes.

– Mais comment découvrir la vérité ? Le type de ce matin était formel. En voulant protéger Mathieu, ses parents, ses amis ont déformé, occulté, falsifié sa vie.

– Sauf que les erreurs en histoire sont comme des taches sur une étoffe précieuse: indélébiles. Ta mission sera de réinjecter de la rigueur scientifique dans un terrain qui en manque cruellement. Tu te feras des ennemis. Car les gens préfèrent les mythes à la réalité toute nue. Néanmoins, à la fin de ton travail, il faudra qu'on puisse dire que tu es passé par là.

– Et si je publiais un roman ?

Robertine Vidal a jeté sur moi son regard glacial. Connaissant son peu d'intérêt pour les ouvrages de fiction, je n'ai pas insisté. Elle a poursuivi :

– Écoute, Aimé, tu es le fils unique de ma meilleure amie et mon plus brillant élève. Si tu as vraiment l'intention d'écrire un mémoire sur M. Mathieu, je te conseille de t'atteler sérieusement à la tâche.

– Je commence par quoi ?

– Par le commencement.

21 juin

Le 25 février 1935, moins de cinq minutes avant d'entrer en scène pour ta grande première au Ritz Carlton, tu as envie de faire pipi.

Rue Sherbrooke Ouest, la salle de concert de l'hôtel le plus chic de Montréal est aux trois quarts vide. Le programme annonce : *ANDRÉ MATHIEU 5 Years Old Pianist and Composer.* En réalité, tu as eu six ans une semaine auparavant. Mais sur la photo en couverture du programme, assis de profil devant le piano avec tes petits pieds qui ne touchent pas à terre, on t'en donnerait à peine trois.

Il neige à plein ciel ce soir-là ; c'est, à vrai dire, une tempête, d'où le public clairsemé. Ta mère porte un manteau de lapin blanc, loué chez le fourreur Giguère. De ton côté, vêtu de blanc des pieds à la tête, tu arbores fièrement ton costume de laine orné de petits canards, tes culottes courtes, tes socquettes et tes souliers de daim immaculés. Ta vie est une page blanche. Ta biographie, entièrement vierge. Il ne s'est encore rien passé. Il n'y a rien d'écrit...

Au dernier instant, donc, juste au moment de faire ta première véritable apparition publique, tu as une envie pressante, incontournable, d'uriner. Comme toutes les mères en pareil cas, Minou t'agrippe par la main et court jusqu'aux toilettes avec toi.

Imagine qu'une fois enfermé dans les cabinets tu aies refusé d'en sortir. *Je n'y vais pas.* Imagine que tu te sois obstiné dans ton refus. Dans un premier temps, ta mère t'aurait supplié : *André, fais-moi pas ça*. Mais tu aurais continué à faire pipi en faisant non de la tête et en ratant la cuvette exprès. Un long jet libérateur. Alors, ton père serait arrivé : *Fils, si tu ne sors pas, c'est moi qui irai te chercher.*

On peut facilement amener un enfant à manger ses petits pois, c'est autre chose que de le forcer à briller en public.

Mais il n'y aura pas de faux départ ce soir-là au Ritz Carlton, car tu désires désespérément être là. Tu connais par cœur ton programme, tu joues déjà à la perfection tes compositions... Ce n'est pas ta première prestation devant un auditoire ; tu as déjà donné quelques récitals en privé. Tu as repéré depuis longtemps la lueur d'émerveillement qui s'allume dans les regards lorsque tu te mets à jouer. Cette flamme qui te réchauffe l'intérieur à la manière d'un feu de bois, il semble que tu ne pourras plus t'en passer. Aussi, tu ne vis que dans l'attente d'un prochain rendez-vous : *Est-ce qu'ils vont m'aimer ?*

Tu repasses donc en courant dans le hall du Ritz pour ensuite rejoindre ton père sur l'estrade. Dans la salle, tu repères quelques visages familiers. Il y a aussi plusieurs critiques à la mine grave et compassée. Il faudra les gagner, mais tu demeures confiant. Tu ne sais pas ce qu'est l'échec et tu ne le sauras pas avant longtemps. Aussi, c'est d'un pas sautillant que tu te diriges tranquillement vers ton premier triomphe. Le Québec n'a qu'à bien se tenir : voici André Mathieu.

Séduire. Être à la hauteur. Combler les attentes. Éblouir. Tu t'acquittes merveilleusement de ta tâche. Trop bien, sans doute. À compter de cet instant, et pour longtemps, tu seras le petit garçon exceptionnel que sa maman traîne devant le monde pour le montrer. Tu n'as plus qu'un but : qu'elle demeure fière de toi. Quant à Rodolphe, il est soumis à la même loi : ne pas décevoir Mimi.

Pourquoi le Ritz ? Je risque une explication. Anticlérical, ton père hésite encore à se compromettre avec l'Église – ta mère ne l'a pas encore fait plier totalement sur ce point. Or, à l'est du boulevard Saint-Laurent, toutes les salles de spectacles « honnêtes » sont contrôlées par le clergé. Le Ritz, comme le Windsor où ont débuté les Soirées Mathieu, est en territoire anglais, donc hors de portée des curetons.

C'était la coutume à l'époque de marier musique et philosophie. Une réminiscence peut-être des salons littéraires français des siècles passés. Le soir de ta grande première, deux intellectuels étaient ainsi invités à débattre de la question : « La situation des Canadiens français légitime-t-elle une attitude pessimiste ou optimiste ? »

À lire les comptes rendus de la discussion, teintée, nous dit-on, d'une espèce d'humour sombre, on en conclut qu'on n'a plus qu'à se jeter à la mer. Comme le spécifie le premier des causeurs, dans tous les domaines, nous sommes depuis des générations des imitateurs-nés ! « Notre littérature n'a rien donné de notable, notre école de peinture n'a jamais été comparée à l'école de Paris, notre vocabulaire ne vaut pas tripette. » Seule consolation : nous sommes d'excellents orateurs. Et puis nous nous révélons dans l'adversité. Quand tout va bien, nous nous endormons. Heureusement, lance cyniquement André Laurendeau (qui est l'un des panélistes), tout va mal.

C'est dans cette atmosphère de morosité que tu fais ton apparition, avec ta tête de chérubin, ton petit casque de cheveux noirs, ta fougue et ton air décidé. Pour tes six ans, ton corpus est déjà extraordinaire : deux concertinos (avec ton père au second piano), trois études ainsi qu'une demi-douzaine d'œuvrettes basées sur tes expériences d'enfant intitulées *Les Gros Chars, Danse sauvage, Marche funèbre, Dans la nuit,* etc.

Inutile de souligner que, dans les gazettes, les jours suivants, l'étonnement est à son comble. Un enfant prodige parmi nous ? Est-ce possible ? Au début, on n'ose y croire. Qu'a-t-on fait pour mériter cela ? Mais à mesure que tu te produis, à Montréal et en province, à la radio, puis dans les auditoriums, une rumeur prend forme qui va se propager comme une traînée de poudre. Il s'agit d'un souffle puissant qui charrie une vague extraordinaire d'espoirs et de promesses. Le Canada français peut enfin relever la tête. Nous avons accouché d'un Mozart, c'est même un critique du *Montreal Star* qui l'a dit. « *This boy is the Canadian Mozart*. »

Déjà, on est requinqué. On se paye même un optimisme à rebours. On n'a jamais perdu confiance. Qui sont les éteignoirs qui ont prétendu le contraire ?

Cet enfant-là tient de sa race, notre peuple est fait pour durer.

Immédiatement, les autorités religieuses sont sur le coup. Pas question de laisser filer une occasion pareille. Aussi, dans la presse qui est plus ou moins inféodée à l'Église, on te canonise presque, soulignant les liens qui existent entre le don et le divin, le petit génie et le petit Jésus. C'est d'ailleurs à Trois-Rivières, capitale religieuse du Québec, que, dans cette phase pré-européenne de ta carrière, l'engouement se fait le plus militant. Là-bas, dans un communiqué adressé à ses paroissiens, le père Turcotte estime que d'« aller entendre ce petit Canadien français, c'est faire acte de patriotisme plus sérieux peut-être que d'aller écouter vingt discours de la Saint-Jean-Baptiste ».

Pas de doute, tu es notre sauveur. Malheureusement pour toi, un peuple ne renonce jamais à son sauveur.

22 juin

« Petit Mozart canadien-français », « prodigieux enfant », « gloire nationale » : chaque fois que tu te produis, ce sont toujours les mêmes superlatifs, le même murmure émerveillé, le même torrent d'amour incontrôlé.

Résolu malgré tout à rester un gamin, tu t'exclames encore, comme on le fait à six ans, devant une caserne de pompiers ou une locomotive. Surtout la locomotive, dont tu admires la fiabilité et la puissance. Ah, si tu pouvais t'asseoir à la place du conducteur ! Profitant de la faiblesse des adultes qui s'émeuvent de te voir soudain si candide, tu exiges de conduire le train. On se gratte la tête, on hésite, on s'informe. Le président du CPR, Sir Edward Beatty, se déclare ravi de t'obliger. Alors, « grâce à la courtoisie du Canadian Pacific Railways », tu feras le trajet de la gare Viger à la gare Jean-Talon, dans la chaise du chef mécanicien, à bord de la locomotive à vapeur. La photo publiée par *Le Petit Journal* te montre très sérieux, coiffé de la classique casquette à visière des vétérans du rail, accoudé à la fenêtre du monstre d'acier, réalisant ton « rêve le plus cher ».

Tu agites ta menotte. Il ne sera plus jamais question de tes rêves par la suite. Comme si la chose était réglée une fois pour toutes. Car tu es toi-même notre rêve, notre utopie.

Et pour cause. D'un bout à l'autre de la province, ta présence a un effet incroyablement rassembleur. Dans les pages des journaux, mais aussi dans la rue, les usines, les salles de rédaction, les cabinets de médecin, on loue ta grâce, on se pâme devant ta virtuosité, ta simplicité, ton sens de l'humour. Les plus connaisseurs analysent la façon que tu as d'introduire des « sonorités étranges » dans certaines pièces, *La Procession des éléphants*, par exemple.

Tu es l'un des premiers à te faire entendre à la radio de Radio-Canada, qui, en cette année 1935, vient de faire son entrée dans les foyers. Les couventines s'amourachent de toi, les malades prennent du mieux en t'écoutant. Il paraît qu'il te manque deux dents, que ta peau bronze facilement, que tu es turbulent parfois. On veut tout savoir de ta personne. Tu aimes les ours polaires ? On est enchanté. Tu as composé une pièce intitulée *Marche funèbre* ? Quelle maturité pour ton âge ! Tu as fait ta première communion ? Ah bon, il était temps.

Les journaux publient d'ailleurs les détails de l'événement : « Le jeune pianiste-compositeur André Mathieu a fait sa première communion, ce matin, en l'église Notre-Dame-des-Neiges, à la Côte-des-Neiges, en compagnie de sa petite sœur et d'une autre fillette. Durant la cérémonie, on a joué des œuvres du jeune compositeur à l'orgue. »

Tu sembles t'amuser de tout ça. Mais la précocité n'est pas un jeu. On aura tôt fait de te le rappeler. Ne dit-on pas du prodige, cet « être paradoxal », qu'il est une sorte de monstre ? Aussi, le petit phénomène doit être rapidement pris en charge. Étant donné qu'il s'agit d'une affaire de première importance, les spécialistes appelés à se pencher sur le cas doivent figurer parmi les sommités mondiales. Avant tout, il s'agit de savoir si on a affaire à un vrai prodige ou à un faux génie. Si ton père s'était appelé Léopold Mozart, il t'aurait traîné à Vienne. Mais voilà, Rodolphe Mathieu sait très bien que durant cette première moitié du XXe siècle, les grosses pointures dans le domaine musical officient à l'entour de Carnegie Hall.

Décembre 1935, tu prends donc le train en compagnie de tes parents pour un premier séjour à New York. Étant donné ta passion pour les « gros chars », on peut imaginer que tu franchis les Appalaches avec enthousiasme.

À Manhattan, Rodolphe a sollicité l'aide de son ancien élève Wilfrid Pelletier, un petit gars de chez nous devenu chef d'orchestre du Metropolitan Opera. Pelly, comme on le surnomme là-bas, t'a entendu jouer à Montréal. Avec Antonia David, mécène et épouse du secrétaire de la Province Athanase David, il a l'intention de tout mettre en œuvre pour t'assurer un brillant avenir. Selon son plan, tu dois cesser immédiatement de te produire en public et t'installer dans la métropole américaine où tu seras soumis à l'enseignement des meilleurs professeurs.

Il a convoqué autour de toi l'état-major du monde musical new-yorkais. Parmi ceux-ci, Ernest

Hutcheson, ancien enfant prodige qui a reçu sa formation de pianiste en Allemagne avant la Première Guerre mondiale et qui dirige Julliard, l'école de musique la plus prestigieuse des États-Unis. On mentionne aussi dans les journaux la présence des Hongrois Erno Rapee (chef du Radio City Orchestra) et du violoniste Joseph Szigeti qui, aux côtés du jazzman Benny Goodman, créera la fameuse *Rhapsodie pour clarinette, violon et piano* de Béla Bartók.

Il y a également Arthur Judson, propriétaire d'agence et directeur administratif de l'Orchestre philharmonique de New York. Judson est avant tout businessman. Pour lui, *a buck is a buck*. Dans son agence, te confie-t-il en te pinçant la joue, il a plusieurs enfants sous contrat, des gosses charmants qui deviendront tes amis, il en est sûr.

Te voilà donc sous la loupe des experts, dans cette Babylone de verre et d'acier, capitale mondiale du rythme, du néon et du swing. Bach, jazz, blues, ragtime, Puccini, Ravel, Verdi : New York est une immense caisse de résonance où le banjo fait écho au clavecin, où les voix donnent le change au piano, où la trompette égrène un solo pendant que le saxo fait la cour au trombone. *Come on young boy. Show us what you can do.*

Tu te présentes dans les salons, dans les studios, dans les halls, ainsi qu'au très chic Steinway Building dans la 57e Rue. Les plafonds à caissons sont recouverts de fresques bucoliques. Le mobilier est antique. Le piano à queue, un Steinway de concert, est accordé à la perfection.

« Je m'appelle André Mathieu et je vous jouerai aujourd'hui deux de mes compositions, *Dans la nuit* et *Abeilles piquantes.* » Au-dessus de ta tête, le lustre de cristal brille de mille feux. Sous tes pieds, tu sens l'étoffe moelleuse des tapis d'Orient. Sur les murs, tu entrevois les ors des tableaux vaporeux qui rappellent la gloire de Berlioz, de Rubinstein, de Schubert.

À un moment donné, on te dirige vers les studios de la CBS où tu interpréteras un de tes concertinos sous la direction d'Andre Kostelanetz, le chef d'orchestre d'origine russe qui, par la magie des ondes, contribue chaque jour à populariser davantage la grande musique auprès des Américains – mission réussie puisque Kostelanetz aura vendu cinquante-deux millions de disques à la fin de sa vie.

Est-ce qu'ils vont m'aimer ? Tu joues, tu rejoues et tu rejoues encore tes compositions, mais aussi Debussy, Bach, Beethoven. Ça sent le cheval de course que l'on entraîne pour un important derby. Tu as une belle robe, des muscles solides, une foulée extraordinaire. Hutcheson, le directeur de Julliard, se déclare impressionné. Judson est prêt à fournir les fonds : « *Five thousand dollars. Plus a daily allowance. Of course the child has to adopt American citizenship.* »

– Quoi ? Mon fils devra devenir citoyen américain ?

– C'est une condition pour étudier à Julliard, rétorque vivement Pelletier. Une simple formalité.

Ton père ne dit rien, mais il est déstabilisé.

Toi, tu te fais rétif. Pour la première fois, tu perçois ce que pourrait devenir ta vie. Celle d'un pur-sang que l'on convoite, que l'on achète et que l'on vend. Comme tu ne comprends pas l'anglais, tu t'agites dans ton box. Pelletier s'impatiente. Y a-t-il quelqu'un, ici, capable de contrôler cet enfant ?

Comme lorsqu'elle veut te serrer la bride (le plus souvent sans y parvenir), ta maman fixe sur toi ses « gros yeux noirs ». Alors tu fais ce qu'on te dit. Mais une fois dans votre chambre de l'Hermitage Hotel, dans la 42e Rue, tu piques une crise. Tu détestes ces messieurs qui parlent anglais et qui fument le cigare. Tu ne veux pas demeurer dans la ville des maisons hautes, loin des tiens, de ta tante Manille et de Camillette. Ta mère, dont les nerfs sont à la veille de craquer, se met à pleurer. Elle supplie ton père de vous épargner cette épreuve. Vous décidez de rentrer.

Tu n'iras pas chez les Américains. Ton père y a vu. Wilfrid Pelletier a voulu lui forcer la main. Bien mal lui en prit. Manifestement, Pelletier s'est montré arrogant. Mais de ton côté, tu as peut-être manqué ta chance de vraiment t'affranchir de nous, d'avoir une vie, quoi. Car ton père est un jaloux, un teigneux. Il soupçonne son ancien élève de le sous-estimer. Il n'aime pas être traité comme un amateur par un ex-joueur de tambour de surcroît (Rodolphe ne manque jamais d'évoquer les débuts modestes de Pelletier dans la fanfare de son village). Insulté, il accuse son compatriote de vouloir s'emparer de son fils. Méfiant, il craint de se faire ravir l'enfant à la poule aux œufs d'or.

Penaud, frustré, Pelletier devra retirer ses billes. Il n'y aura pas de transaction. Cette victoire de ton père contribuera à redorer son blason ne serait-ce qu'aux yeux de sa belle-famille. Lui qui fut si malhabile à gérer sa propre carrière va en effet savoir ici tirer le meilleur parti de la situation.

Malgré sa timidité, il n'hésite plus à prendre la parole publiquement. Il convoque les journalistes. À coups de dollars, laisse-t-il entendre, les Yankees étaient sur le point de s'approprier notre gloire nationale. Or, lui, Rodolphe Mathieu, compositeur et pédagogue, ne pouvait pas laisser faire ça. Il annonce donc qu'il prend entièrement à son compte ton éducation musicale. Il ne te laissera plus une seconde sans surveillance. Pour une fois, déclare-t-il, « il sortira quelqu'un de chez nous, formé chez nous ».

L'argument touche une corde sensible. La presse, qui suit tes progrès avec sollicitude et empressement, ne tarde d'ailleurs pas à féliciter « cet artiste remarquable et excellent père » d'avoir eu le bon goût « de refuser ces offres alléchantes qui eussent fait de son enfant "un sujet d'expérience" pour les Américains ».

Pour la première fois de sa vie, ton père, cet éternel mal-aimé, jalousé par ses pairs, critiqué par l'intelligentsia locale, reçoit ce qui lui a toujours manqué : l'approbation des siens. Mais, en contrepartie, il devra renoncer pour toujours à la création. Il en fait le serment. « Entièrement dévoué à son fils », il laisse derrière lui sa carrière de compositeur.

Voilà comment tu t'es fait voler le peu de liberté qu'il te restait. Évidemment, dans la transaction (toutes nos vies ne sont que transactions et échanges), tu as obtenu le piano et le bonheur de ta mère. Mais il y a un prix à payer, *puer senex*. Non seulement tu ne connaîtras jamais cette insouciance de la jeunesse, où l'on hésite entre une carrière de chef de gare et un avenir de champion de tennis, mais, idole de ton peuple, il te sera toujours impossible de t'éloigner de nous. Prisonnier de notre amour, tu ne pourras plus jamais faire un geste sans qu'on se pâme ou s'inquiète, s'offusque ou s'attriste. Tu es soudé à nous désormais, à nos défaites, à nos ambitions, à nos désirs.

Pour toujours notre unique, notre turbulent, notre divin *Andrédeus*.

7 juillet

Apéritif hier chez Robertine Vidal, qui avait réuni une douzaine de ses amis dans son jardin à Outremont. Mon professeur d'histoire m'a présenté, à mon corps défendant je dois le préciser, comme le futur auteur d'un mémoire sur vous-vous-souvenez-d'André-Mathieu ?

Une belle tisserande s'est approchée de moi : « J'ai assisté à un concert d'André Mathieu quand il était enfant. C'était une grande vedette. J'avais à peu près son âge et j'étais complètement amoureuse de lui. » Son voisin, un écrivain connu, barbu, chroniqueur et pamphlétaire : « Moi je l'ai vu à la fin, c'était d'un triste... Ivre, il vomissait, accroché à un lampadaire. " Regarde, a dit celui qui m'accompagnait. C'est André Mathieu. " »

Une poétesse blonde à la voix grave et au regard clair a pressé ses formes rebondies contre moi : « Il avait eu un grand chagrin d'amour, tu comprends, mon chéri ? Elle était plus âgée. Les parents s'étaient arrangés pour les séparer. Il ne s'en est jamais remis. »

À partir de là, ils se sont tous mis à parler en même temps. Comme si ton absence les avait privés d'une partie d'eux-mêmes, ils multipliaient les anecdotes. Une journaliste de Québec : « C'était dans un restaurant de la côte de Beaupré, *La Dame Blanche*. On lui avait demandé de jouer quelque chose. Il avait attaqué la *Rhapsodie en bleu* de Gershwin… Interprétation magistrale. Nous étions sidérés. »

Une artiste peintre ayant vécu à Paris durant l'après-guerre : « Il était charmant et il mangeait comme un ogre. » Son mari diplomate : « Ses mains, si vous aviez vu ses mains : des mains monstrueuses, d'une densité incroyable, avec des doigts d'acier. » Un caméraman de Radio-Canada, qui t'avait entendu jouer chez des amis de ses parents, a voulu ajouter ce détail : « De temps en temps, il nous entretenait de la guerre de Corée… »

Un muséologue, qui ne s'était pas exprimé jusque-là, a renchéri : « Vous savez, son père avait pris l'habitude de lui donner du cognac avant d'entrer en scène. C'est comme ça qu'il est devenu alcoolique. »

Sur le coup, j'ai pensé : pauvre Rodolphe, il va encore encaisser. Mais il s'est tout de suite trouvé quelqu'un pour le défendre. Plus tard, on me signala qu'il s'agissait de la journaliste Francine Laurendeau. Dans sa jeunesse, Mme Laurendeau a suivi des cours de piano avec ton père, « un homme charmant, un pédagogue de première qualité ». Sa famille était très liée à la tienne. Elle considère ces rumeurs sur le comportement de ton père, notamment au sujet de l'alcool dont il t'aurait fait prendre l'habitude, comme « malveillantes et absolument non fondées ».

Mystérieux Rodolphe. Né à Grondines, le 10 juillet 1890, il avait conservé de ses origines une certaine maladresse paysanne. Taciturne, têtu, voire borné, on parlait de lui comme du « silencieux » Rodolphe Mathieu dont le visage était « empreint d'une virilité rêveuse ». Grand pédagogue et précurseur de la musique canadienne, « le plus original de tous les compositeurs québécois » selon son contemporain Léo-Pol Morin, il s'intéressait à la psychanalyse, au mysticisme, à l'hypnotisme, à l'inconscient.

Physiquement et musicalement, vous étiez aux antipodes. Lui, grand échalas au visage de craie, aux traits fins et anguleux, se réclamait d'une tradition plus « moderne » que toi. Appartenant à l'avant-garde musicale, il rejetait le folklore comme source d'inspiration pour la nouvelle musique canadienne. Se déclarait individualiste.

Il avait reporté son ambition sur toi. On peut le comparer à un jockey, accroupi sur ton dos, t'encourageant souvent, te cravachant parfois afin que vous ne quittiez pas la piste du succès. De fait, durant les premières années de ta carrière, il semble te guider ferme. Néanmoins, à mesure que le temps passe, avec sa moustache à la Charlot, son visage fermé, ses vêtements noirs de modeste employé, on est tenté de le prendre pour un domestique. D'ailleurs, pour te moquer, tu l'appelais « l'impresario ». Toujours placé derrière toi, il restait pour ainsi dire dans ton ombre. Comme s'il attendait quelque chose. Mais quoi ?

Après sa mort, tu diras : « On s'engueulait tout le temps, amicalement, mais c'était toujours une engueulade… » En effet, vous divergiez d'opinions à peu près sur tout, et s'il est difficile de savoir lequel était le plus tourmenté, il est clair que vous n'envisagiez pas la carrière artistique de la même façon.

En tant qu'impresario, il était plutôt doué : à preuve, les engagements qu'il te décrochait, et les cachets spectaculaires qu'il te négociait et qui atteindront même mille dollars pour un récital en 1940 ! Toutefois, cette habileté se doublait d'une sorte d'incapacité à gérer un budget, d'où une quantité de factures impayées et l'absence d'un plan financier qui vous aurait assuré une certaine sécurité plus tard.

Comme beaucoup de gens qui ont connu la pauvreté, Rodolphe avait des oursins dans les poches. Son rapport à l'argent était peut-être aussi teinté d'un certain sentiment de culpabilité. Dans un monde où la plupart manquent de l'essentiel, il est toujours malaisé d'afficher sa réussite. Et puis l'argent avait mauvaise réputation dans notre société. Comme la boisson, l'or était considéré comme une maladie. Il ne fallait pas s'y laisser prendre. En même temps, l'argent apportait un regain de confiance. Aussi, ton père en était venu à considérer ses avoirs non pas comme un moyen susceptible de lui procurer aisance et biens matériels, mais comme un symbole abstrait de sa valeur. Il pouvait être très arrogant en affaires, soucieux avant tout de ne pas se faire avoir. Avec les années, l'amertume l'a gagné. Comme artiste, il faut dire, il avait beaucoup souffert.

À Paris, où il étudia de 1920 à 1925, notamment auprès du très réputé Vincent d'Indy, il fréquentait les salons littéraires où il a côtoyé une foule d'esprits novateurs, et, parmi ceux-ci, les musiciens du « groupe des Six », que Jean Cocteau admirait et qui constituaient alors, dans le sillage de Debussy et de Ravel, les forces vives de la création musicale. Darius Milhaud et Arthur Honegger comptaient parmi ses amis. Il avait aussi fait la connaissance de la fille de Scriabine (son compositeur fétiche), et il était devenu un familier de Serge Koussevitzky, de Vladimir Golschmann, du compositeur Alexandre Tansman – des relations qu'il tentera de mettre à profit pour toi plus tard.

Paris était encore le centre du monde artistique à cette époque. Une sorte de bar ouvert où s'agglutinaient les créateurs les plus originaux de leur temps, où se concoctaient les plus grandes œuvres de l'humanité. Comme dans toutes les périodes éclairées, il n'y avait pas de barrières hiérarchiques dans le milieu artistique, les idées circulaient librement et les compositeurs se montraient constamment leurs œuvres.

Ton père, pourtant si peu liant, avait donc noué des amitiés très importantes à Paris, où on le considérait comme un homme cultivé, fin et délicat. Il y avait fait jouer ses premières compositions, ce qui, pour un étudiant même âgé de trente ans, n'était pas rien. Il avait ramené de son séjour dans la capitale française, outre une méfiance à l'égard de la religion et un goût pour le bon vin, des préceptes originaux notamment sur le plan de l'enseignement des arts – comme son maître Vincent d'Indy, il se dirigea vers la double carrière de pédagogue et de compositeur. Avec Léo-Pol Morin, il appartenait à une avant-garde qui, regroupée autour de la revue *Le Nigog*, rêvait d'une sorte de révolution culturelle pour le Canada français.

Mais ses compatriotes ne lui firent pas bon accueil, et, malgré le soutien de quelques amis, il était considéré comme une sorte d'hurluberlu ! En plus, il était devenu la tête de turc de Frédéric Pelletier, qui régnait sur la vie musicale montréalaise. Celui-ci s'appliqua en effet à le démolir avec une férocité peu commune. Ainsi, chaque fois qu'une des pièces de Rodolphe était présentée, le journaliste-médecin, qui allait sévir pendant quarante ans au *Devoir*, en signalait « l'incompréhensible ineptie ».

Ton père était absolument incapable de se défendre. Blessé, il s'enfermait dans une sorte de dogmatisme fait d'arrogance et d'orgueil. Au moment de ta naissance, son intransigeance avait fini par l'isoler. Il a sans nul doute trouvé avec toi l'occasion de prendre sa revanche. Et, pendant un moment, comme père et pédagogue, chacun lui tira son chapeau, y compris le sadique Frédéric Pelletier. Mais encore là, sa chance – si on peut parler ainsi – lui échappa. À la fin, esseulé, appauvri, il n'avait pratiquement plus d'amis.

Si je t'expose ces faits, c'est que tu sembles avoir été particulièrement ignorant à propos de ton père. Tu n'as en effet jamais joué ses œuvres publiquement. D'après ta mère qui fit cette déclaration sur le tard (c'est-à-dire après ta disparition), tu les aurais découvertes seulement après sa mort, en 1962.

As-tu assisté aux funérailles ? Si je te le demande, c'est que les grands créateurs sont généralement peu empressés lorsqu'il s'agit d'assister aux obsèques de leurs proches. Ainsi, Wolfgang Amadeus ne s'est pas rendu à l'enterrement de son père – ce qu'on a interprété, tu t'imagines bien, de toutes les façons. Même réticence de la part de Cézanne, qui a préféré peindre la montagne Sainte-Victoire plutôt que de rendre un dernier hommage à sa mère.

Et toi, que faisais-tu en 1962 ? Si je ne m'abuse, ce n'étaient pas des temps très glorieux pour toi. On t'avait vu cogner aux portes pour tenter de vendre des encyclopédies. On te croisait de temps en temps dans les ruelles, l'air hagard et fatigué. De toute façon, tu ne tarderais pas à le rejoindre sous la pelouse du cimetière Notre-Dame-des-Neiges. Car Rodolphe n'a pas été inhumé à Grondines où il est né, mais avec les membres de sa belle-famille.

Lui non plus n'a pas eu droit à une sépulture personnelle.

Deuxième partie

L'idole de Paris

12 juillet 1979

André, vieux, je te dois une fière chandelle. Grâce à toi, je suis amoureux. Alizé est peintre. Je l'ai rencontrée la semaine dernière devant la maison qui abritait l'atelier de ton ami Léo.

Une coïncidence extraordinaire. Elle était là pour les mêmes raisons que celles qui m'ont conduit devant ta tombe, il y a un mois. Alizé est le dernier modèle de Léo. Elle compte également parmi ses élèves. De retour d'un long voyage, elle a tenu à revoir l'endroit où le bonhomme l'a initiée aux couleurs et aux pinceaux.

De mon côté, je m'étais pointé rue Saint-Christophe sans soupçonner que Léo était mort il y a deux ans. J'avais avec moi une coupure de *La Presse* du 14 décembre 1946 que j'aurais aimé lui montrer. Une simple photo avec cette légende : « Portrait du jeune pianiste compositeur André Mathieu par le peintre montréalais Léo Ayotte que l'on voit ici auprès de sa toile. »

Avec sa moustache, son nœud papillon, sa cigarette, ses manches de chemise relevées sur ses avant-bras musclés, Léo pose devant ton portrait qu'il a réalisé quelques semaines auparavant. *Voilà le travail !* semble-t-il nous dire avec un mélange de bonhomie et de fierté. Il s'agit de toute évidence d'un de ses meilleurs tableaux. Un portrait pour l'éternité. Rigoureusement précis mais également doté d'une aura mystérieuse. La sépulture que tu n'as jamais eue.

Je me demande si Léo a eu conscience de cet envoûtement au moment où il traçait les contours de ton visage. J'aurais voulu l'interroger à ce sujet. Au lieu de quoi je tombe sur une femme superbe venue ici pour lui adresser un ultime hommage.

Rue Saint-Christophe, tout était silencieux. Sans difficulté, nous avons pénétré dans l'ancien atelier dont la porte était entrouverte. Alizé m'a expliqué que Léo avait quitté les lieux quelque temps avant de mourir, lorsque la maison avait été vendue.

Léo a peint ici pendant vingt-neuf ans. L'atelier semblait encore habité de tous les paysages, de tous les nus, de tous les héros qu'il avait fait naître au bout de son pinceau. À cause du courant d'air, une des fenêtres a claqué brusquement. Alizé s'est précipitée pour la fermer. En revenant, elle avait l'air épouvantée. Nous n'étions pas seuls, m'a-t-elle dit. Devant la vieille cheminée, des hommes jouaient aux cartes. Les gars étaient habillés en blanc. Immobiles, ils ne prononçaient pas un mot. « On dirait des fantômes », a-t-elle ajouté. Quand j'ai voulu aller constater par moi-même, Alizé m'a fait signe qu'elle préférait s'en aller. Après un dernier coup d'œil derrière moi, j'ai fermé la porte.

Un peu plus tard, devant une bière, rue Saint-Hubert, je lui ai montré l'article de journal. Elle a immédiatement reconnu le tableau.

« Le portrait d'André Mathieu, s'est-elle exclamée en secouant ses bras chargés de bracelets. Tout le monde le cherche. »

Elle m'a expliqué que la toile avait disparu. Dans quelles circonstances ? Personne n'en avait la moindre idée. Tout ce qu'on sait, c'est que le portrait s'est évaporé. Ta mère avait essayé d'en retrouver la trace – elle avait téléphoné à Léo. Puis, après la mort de Minou en 1976, Camillette avait poursuivi ses recherches. Ta sœur était morte à son tour. Le tableau est resté introuvable.

– On devrait peut-être demander à ceux qui ont fréquenté l'atelier, ai-je suggéré.

– Je ne crois pas, a répondu Alizé.

– Pourquoi ?

– Ils sont tous morts, Aimé.

– Alors, interrogeons leurs proches. Il y a certainement quelqu'un qui se souvient de ce tableau.

– Ils ne voudront pas s'en souvenir.

– Pourquoi ?

– Le tableau rappelle une époque douloureuse dont plus personne ne veut entendre parler.

– Que veux-tu dire ?

– Au début des années cinquante, les artistes d'ici se sont mis à sombrer dans une sorte de désespoir opaque. C'était dément. Les uns après les autres, ils se flinguaient, s'empoisonnaient au gaz, se défenestraient, se poignardaient ou se mettaient une corde autour du cou.

– Pourquoi ?

– On n'en sait rien. Dans les familles, la douleur était telle qu'on préférait ne pas y penser. Le mot suicide était banni de la conversation. Les journaux non plus ne parlaient de rien.

– Et Léo ?

– Léo possédait un caractère impétueux, mais c'était également un homme simple qui se voyait comme un ouvrier de l'art, un artiste-ouvrier. Si, pour lui, la peinture se conjuguait sur le mode passionnel, il s'agissait néanmoins d'un travail comme un autre. Sa modestie l'a sauvé.

– Pourtant, le tableau…

– … traduit une sorte de grandeur, oui, un idéal. Mais c'était avant.

– Avant ?

– Avant que la folie autodestructrice ne s'empare du groupe et ne détruise tout sur son passage.

15 juillet

Hier, Alizé et moi sommes allés à Pont-Viau visiter une religieuse de la congrégation des Missionnaires de l'Immaculée Conception. Sœur Anita compte parmi tes plus vieilles admiratrices. C'est ma mère qui m'avait conseillé de la rencontrer.

Durant le trajet, nous avons beaucoup parlé du tableau, de toi, d'elle aussi. Alizé craint que je ne me blesse en retournant sur les traces de mon passé. « Le problème avec nos parents, c'est qu'on ne les connaît jamais tout à fait. Une part de mystère demeure. Et c'est peut-être mieux ainsi. »

Alizé a un petit côté protecteur envers moi. Normal vu qu'elle est plus âgée et qu'elle est déjà maman d'une petite fille. Comme toi j'apprécie les femmes mûres. Il n'y a qu'elles pour nous comprendre. D'ailleurs, mon amie peintre est la seule personne à qui je me sois confié – je parle de mes liens avec toi.

Avec Léo, elle s'est toujours sentie complice. Quelle était la véritable nature de leur relation ? Elle évite soigneusement la question. Néanmoins j'ai cru remarquer que Spiruline, la fille d'Alizé, a le même regard bleu et la même tignasse rousse que Léo.

Ma belle vit comme une bohémienne, sans attache. Elle passe son temps entre Paris, Montréal et la Gaspésie. « Je suis baluchon », dit-elle pour décrire son mode de vie. Elle m'a expliqué qu'elle doit son surnom à un naufrage au cours duquel son voilier, *L'Alizé*, avait dématé. Échouée sur l'île Bonaventure, elle avait passé la nuit parmi la nuée des cormorans et des fous de Bassan. Quand les pêcheurs l'ont découverte le lendemain, ils lui ont donné le nom de son bateau. Elle a gardé cette signature.

Léo lui parlait souvent de toi. Comme peintre, il gagnait bien sa vie et en plus il avait le cœur sur la main. Quand il rentrait éméché au beau milieu de la nuit en vociférant à tue-tête, ses voisins lui criaient « Léo, ta gueule ! » comme dans ton temps.

Venant d'une famille pauvre, il avait commencé par être concierge à l'École des beaux-arts avant de se lancer dans la peinture. L'art était son rêve, sa véritable religion. Aussi il n'a pu retenir ses larmes lorsque, à son premier voyage à Paris, à l'âge de cinquante-trois ans, il a visité le musée du Louvre. Par la suite, il a passé quelque temps chez son ami François Hertel qui habitait la Bourgogne. De retour au Québec, il a continué à travailler, mais sa santé s'est détériorée.

Partisan des méthodes naturelles de guérison, il a alors cessé de boire pour se nourrir essentiellement de graines de lin, de yogourt et d'agrumes. Ce régime spartiate a éloigné de lui ses amis noceurs. À la fin, solitaire, vêtu de peaux, chaussé de mocassins, il vivait comme un Indien. Il continuait à peindre, mais sur ce terrain comme pour le reste, il affichait un certain détachement. Un an avant sa mort, il écrivait à Hertel : « J'ai fait de la peinture modestement sans me poser de problèmes et parce que j'aimais en faire. C'est tout. » Il était fou des femmes et elles étaient folles de lui. Il ne s'est jamais marié.

À bord de sa petite Renault 5, Alizé et moi avons jasé ainsi, de moi, de vous, de nous. À Pont-Viau, nous avons bifurqué après le pont. Devant le couvent, sœur Anita nous attendait. À soixante-quinze ans, elle porte encore le costume traditionnel. Avec un chapelet à gros grains qui lui pend à la ceinture. Derrière elle, des hérons étiraient leur cou gracile sur le bord de la rivière des Prairies.

Sœur Anita a passé plusieurs années en Afrique, mais sa vision du Québec est demeurée inchangée. Pour elle, tu es resté le petit garçon miraculeux, l'enfant que Dieu nous a envoyé pour nous transmettre le message de son inépuisable bonté. Elle conserve dans une armoire une sorte de scrapbook qu'avec les autres religieuses elle a réalisé à partir d'archives familiales et publiques. Le document n'est pas d'une rigueur exemplaire, entre autres parce que les sources des articles sont rarement identifiées. Mais il a tout de même le mérite d'illustrer ce qui reste pour moi une espèce de conte fantastique, une légende.

L'album s'ouvre sur ces quelques mots tracés en lettres gothiques: « L'irrésistible vocation d'André ». Pour le seul chapitre consacré à tes cinq ans, une dizaine de coupures de presse et presque autant de photos ont été répertoriées.

Sans attendre, j'ai cherché une référence au portrait. Et je l'ai facilement trouvée à la page 76 du catalogue de sœur Anita. La coupure d'un journal (non identifié, non daté) est intitulée « André Mathieu vu par Léo Ayotte ». Cette fois, Léo est absent de la photo. On nous montre uniquement le tableau accompagné d'un bas de vignette décrivant « un tout récent portrait » présenté pour la première fois au cours d'une exposition solo de Léo Ayotte: « On remarquera combien l'art de M. Ayotte rend justice à l'intensité d'expression du visage du brillant pianiste et à la souplesse de son attitude. »

– Vous connaissez ce tableau ? a demandé Alizé à la sœur.

– Ça me dit quelque chose.

– Réfléchissez, ai-je insisté.

– Écoutez, je ne saurais dire. Mais je vous promets de prier saint Antoine. Il ne m'a jamais laissé tomber.

Je continuai à feuilleter le cahier cartonné. Il y avait en tout cent trente-deux pages : des photos de toi prises en studio ou sur le vif, des gros titres, des critiques. Avec ici et là les reproductions de tes programmes de concerts au Palais Montcalm, dans les salles paroissiales, à Paris, au Carnegie Hall ! Les souvenirs d'une star.

– Prenez-le, a dit sœur Anita.

– Oh non, a répondu Alizé, on ne peut pas.

– Allons, les enfants, je suis vieille. De nos jours, plus personne ne s'intéresse aux bonnes sœurs. Prenez le cahier. Vous en ferez un meilleur usage que moi.

4 août

À l'automne 1936, grâce à Maurice Duplessis, tu as la possibilité de poursuivre ta formation à Paris.

J'ai d'ailleurs, devant moi, la photo qu'on a publiée dans *Le Soleil*, où tu apparais, avec tes culottes courtes, assis sur les genoux du premier ministre. Tu viens de terminer ton récital au Café du Parlement, à Québec. Duplessis, ce célibataire de quarante-six ans élu pour la première fois à la tête de la province, a passé un bras autour de ta petite taille.

Atmosphère de *boys' club*. Autour de vous, les membres du nouveau cabinet de l'Union nationale rient de bon cœur. Le « cheuf » est réputé pour son naturel farceur et il se moque volontiers des « joueurs de piano ». Mais pour toi, petit prophète à la veille de partir pour la France, il fait une exception. Au nom du gouvernement, il t'accorde une bourse de six cents dollars renouvelable l'année suivante. L'État te prend en charge. Pour une rare fois, tes parents ne figurent pas sur l'estrade d'honneur avec toi.

Quinze ans auparavant, ton père avait lui-même obtenu une bourse du premier ministre Lomer Gouin (originaire de Grondines comme lui) pour aller étudier la composition musicale au pays de Couperin. Gouin était libéral, ce qui laisse supposer que ton père avait contracté une dette envers les Rouges. Pour cette raison, il était peut-être réticent à apparaître en public aux côtés des Bleus, ce qui expliquerait son absence sur la photo. Quant à toi, Petit Prince de sept ans adoubé par le pouvoir, tu resteras toute ta vie fidèle à Duplessis.

Précédé de collectes de fonds, de concerts-bénéfice, de récitals d'adieux, ton départ ne passe pas inaperçu. De fait, tout le monde suit les préparatifs avec ferveur, aussi bien les coiffeuses que les patrons d'industrie, les bonnes sœurs que les chevaliers de Colomb, les maîtres de chapelle que les danseurs à claquettes. Le matin, en ramassant leurs huit pintes de lait devant leurs portes, les ménagères pensent à toi. Le soir, en se couchant, les enfants se signent en pensant encore à toi.

Quelques semaines plus tard, quand les sirènes sonnent le départ du *Duchess of Richmond*, personne n'ignore ta présence sur le pont du paquebot de la Canadian Pacific Line qui fait la traversée depuis le cap Diamant jusqu'aux côtes normandes, en passant par Liverpool.

D'évidence, les attentes à l'égard de ce voyage en font un événement unique dans les annales de la culture québécoise. Existons-nous ? Le verdict dépend de ta capacité à séduire le public exigeant qui a jadis couronné Frédéric Chopin et Franz Liszt. Or, tant qu'elles s'en croient dépourvues, les petites nations font mine de mépriser le talent. Cependant, au moment crucial, elles se souviennent que pour les peuples dépossédés, la musique vaut davantage que tous les discours, que toutes les armées.

Arrivé à Paris à la mi-novembre, tu feras tes débuts sur scène un mois plus tard. Ton père-gérant a peut-être voulu régler l'affaire au plus tôt. Question de mettre un terme à la surenchère – pour un peu on exigerait que tu deviennes le directeur de l'Opéra de Paris. Aussi, le temps de vous installer à la pension Servandoni, dans le 6e arrondissement, derrière l'église Saint-Sulpice, et il t'organise un concert en soirée.

Place de l'Étoile, les affiches annoncent un pianiste compositeur âgé de sept ans. Les Parisiens, qui en ont vu d'autres, ont une moue désabusée. Un enfant prodige. Encore ? Pourtant, au lever du rideau, à 21 heures, le mardi 15 décembre 1936, la salle Chopin-Pleyel est bondée. Oui, au 252 de la rue du Faubourg Saint-Honoré, ils sont tous là : les mordus, les mondains, les marquises, les musiciens, les critiques…

Le public est un monstre, on est d'accord là-dessus, un géant à mille têtes, gourmand, grognon, aveugle. Ici, à Paris, c'est pire parce que l'animal a un appétit désordonné. De l'autre côté de l'estrade, tu sens sa respiration, son odeur de bête à sang chaud, son haleine chargée. Ce monstre-là, tu le sais, est prêt à te dévorer. Pour te donner du cran, tu scrutes la première rangée où ta mère, blanche comme un drap, serre la main de ta petite sœur Camille, mignonne comme toujours, dans sa robe de velours bleue.

Au moment d'entrer en scène, ton père te fait son signe de tête habituel. Prêt ? Après lui avoir servi un regard faussement indifférent, tu t'élances d'un pas presque assuré, la peur au ventre mais résolu à faire face. *Bonsoir*. Mille paires d'yeux se tournent vers toi. Tu entends un rire, au fond. Tu t'installes sur le petit banc, puis tu entames tes *Trois Études*, avec délicatesse et courtoisie, comme on offre un fruit. Le public réagit mollement, distraitement. Tu enchaînes avec *Dans la nuit* et *Danse sauvage*. Même indifférence polie. Puis ton père vient comme prévu te rejoindre au deuxième piano. Vous entamez ensemble ton concertino. Toujours ce maudit ricanement au fond à droite. Tout à coup, tu te sens fatigué, tes mains s'alourdissent. Comme un ballon crevé, tu t'épuises lentement. Tu as envie de pleurer : *Ils ne m'aiment pas. Ils ne m'aiment pas.*

Au moment où tu songes à t'enfuir, la salle semble se réveiller. Au même instant, ton père pose sur toi un regard plein d'insistance et de supplique. *Tiens bon, fils.*

Tu reprends avec tes *Abeilles piquantes*. Tes doigts martèlent le clavier avec vigueur. Stupeur dans l'assistance. Tu en profites pour t'affirmer davantage. Tes mains à présent courent d'un triolet à l'autre jusqu'à la dernière portée. Clap clap clap. L'auditoire retient son souffle. Applaudissements.

De retour sur scène après l'entracte, l'atmosphère a complètement changé. Les murmures moqueurs ont fait place à un silence attentif, presque solennel. Tu prends une grande respiration, puis tu plonges avec une gavotte de Bach. Très droit devant le Pleyel, tu te montres précis, impitoyable. Comme un escrimeur, tu pourchasses ton adversaire dans ses derniers retranchements, tu l'envoies dans les câbles. Le public prend acte. Chapeau.

Après un détour chez Debussy (*Le Petit Berger*, *Golliwogg's Cake-walk*), tu reviens avec ta *Valse*. Tu égrènes les notes comme autant de perles, avec légèreté et fermeté. Cette fois, tu le sens, tu les tiens ! Aussi, sans attendre, tu attaques ta *Marche funèbre*. Moment béni. L'enchantement est à son comble. À mesure que se succèdent les accords, ton emprise sur le public se confirme. C'est maintenant le moment ultime. Ta paume se soulève, puis tac, la dernière note. Tonnerre d'applaudissements, cette fois. Tu te lèves d'un bond, athlétique, et d'un sourire candide embrasse la foule. Discrètement, ton père te rejoint. Encore des applaudissements. Tu te tournes vers lui, triomphant. Ses yeux t'ordonnent de ne pas trop t'emballer. Mais toi, tu lis l'émerveillement sur les visages, tu sais que tu as gagné.

Existe-t-il un instant où l'indifférence bascule dans le désir ? Où le public ne demande qu'à tomber à tes pieds ? Peut-être que tu ne sais pas, peut-être que tu te contentes de te laisser emporter, heureux de te retrouver aussi vivant, aussi puissant, aussi peu humain finalement. À la fin, c'est la bousculade. On t'entoure, on te savoure, on te cajole. Il t'a suffi de moins de deux heures pour devenir l'enfant chéri des Muses, le nouveau Mozart, l'idole de Paris.

15 août

Devine qui j'ai aperçu l'autre jour chez mon dentiste ? Jeanne Octave Homberg, les yeux baissés sur une partition, une écharpe rose éclairant le bel ovale de son visage couronné de boucles sombres. Datant de la fin des années trente, le portrait signé Berthe Noufflard figurait dans un vieux numéro de *Paris Match*.

Le dentiste a surgi devant moi, juste comme j'arrachais la page où était reproduit le clair-obscur à la Rembrandt où se détachait la silhouette élégante de ta protectrice – le genre de scène qu'un peintre utilise pour traduire la force spirituelle d'une nation.

« Quelque chose vous intéresse ? » a demandé le docteur Nguyen avec un sourire narquois. « Caroline de Monaco, ai-je menti en fourrant le document dans ma poche. Que voulez-vous, je ne peux pas me passer d'elle. » Il n'a pas insisté. Si je n'avais pas eu la mâchoire immobilisée sous sa fraise électrique, j'aurais pris la peine de lui dire la vérité et de lui présenter ainsi ta protectrice française.

Il aurait été curieux d'apprendre que, à la tête de sa Société des études mozartiennes, Mme Octave

Homberg (1884-1946), personnage aujourd'hui oublié, avait passé les quinze dernières années de sa vie à raviver le culte de Mozart à une époque et dans un pays, la France, où ce compositeur ne bénéficiait pas encore d'une très grande renommée. Au total, ce ne sont pas moins de cent cinquante œuvres, dont plus de la moitié étaient nouvelles pour Paris, que cette dame cultivée, considérée comme l'un-des-esprits-les-plus-originaux-de-son-temps, aura fait entendre entre 1930 et 1939.

Mme Octave Homberg encourageait également les débuts de nombreux jeunes artistes, surtout ceux qui lui rappelaient sa dévotion pour l'auteur de *Ah vous dirais-je maman.* Or, elle voyait en toi la réincarnation de Mozart (1756-1791).

« Ce petit jeune homme, disait-elle à ses amis, est tout le portrait de notre cher Amadeus. Vous l'avez entendu au piano ? C'est un compositeur remarquable. Tout à fait comme Mozart à son âge. Vraiment, c'est stupéfiant. »

Au premier rang de tes bienfaiteurs, j'identifie donc cette dame Homberg, fille de philosophe, épouse de banquier et femme savante. Vient ensuite sa jeune amie, Aliki Diplarakos, beauté grecque de dix-neuf ans, première à recevoir le titre de Miss Europe, musicienne douée et épouse de l'un des hommes les plus fortunés de Paris, Paul-Louis Weiller.

À la tête de la société Gnome et Rhône, l'une des plus importantes entreprises de construction de moteurs d'avion au monde, Paul-Louis Weiller, qui a alors la jeune quarantaine, sera pour toi le mécène idéal. Héros de guerre, fait officier de la Légion d'honneur à vingt-cinq ans, c'est un personnage séduisant que le tout-Paris s'arrache. Je l'imagine follement extravagant, à l'image des grands bourgeois qui figurent dans *La Règle du Jeu* de Jean Renoir. Il aime la fête. Il couvre sa jeune femme Aliki de fourrures et de bijoux, fréquente les champs de course mais ne boit pas. Grand amateur de tableaux, il appartient à une vieille famille juive convertie au catholicisme, qui s'est illustrée aussi bien dans la finance que dans les sciences ou dans la politique.

Les Weiller ont participé de très près à la naissance de l'aviation moderne. Passionné d'aéronautique, le père de ton mécène avait fait venir en France les frères Wright à l'époque où ces deux originaux bricolaient des moteurs dans leur ferme de l'Ohio. La mère de ton mécène, Anna Javal Weiller, fut la première femme à voler. Pionnier de la photographie aérienne, ton protecteur s'était distingué durant la Première Guerre mondiale par ses exploits à bord de son chasseur monoplace, avant de créer ses propres lignes aériennes (ses compagnies ont été nationalisées en 1933 pour donner naissance à Air France), pour finalement se consacrer à la fabrication de pièces et de moteurs pour l'aviation.

Surnommé Paul-Louis XIV à cause de son extravagance et de sa prodigalité, ton ami vivra jusqu'à l'âge de cent ans. Grand promoteur culturel, il continuera à encourager les artistes jusqu'à sa mort, en 1993. Il aura traversé plusieurs vies. Au moment où tu fais sa connaissance, il se montre sans doute hostile au gouvernement de gauche de Léon Blum, comme la majorité des hommes d'affaires (il emploie un millier d'ouvriers dans ses usines). La société française est en proie à d'extrêmes tensions à cette époque. Pour le seul mois de juin 1936, on dénombre 13 000 grèves sur le seul territoire français.

Mais tout est à la veille de changer et, dans quatre ans, Weiller, ce soldat qui, à bord de son monoplace, avait risqué sa vie à plusieurs reprises pour la France, sera condamné à mort par le gouvernement de Vichy. Au même moment, Aliki demandera le divorce. Il devra prendre la fuite, séjournera quelques mois à Montréal, mais tu ne le reverras pratiquement plus, car justement tout aura changé. En attendant, dans ce Paris encore républicain, c'est cet homme-là qui, chaque semaine, te fait porter un chèque par son chauffeur.

Je pénètre donc en imagination dans l'hôtel particulier des Weiller au 66, rue de Lisbonne où tu es convoqué à une réception avec tes parents. Il y a des Hispano-Suiza sous la porte cochère, des domestiques à l'entrée, des tables rehaussées de chandeliers à vingt branches avec, à la place de chaque convive, une cage où volettent un couple de canaris vivants achetés au célèbre marché aux oiseaux de l'île de la Cité. De jolis oiseaux orange, verts ou bleus selon les tables. Plus loin, j'avise le grand piano à queue qui a appartenu à Liszt, pourquoi pas ? Bien sûr, on te demande d'y jouer. Un peu plus et tu ressemblerais à l'un de ces charmants volatiles dans leurs cages.

On rapporte la présence de Jean Cocteau et de Paul Valéry à ces dîners ainsi que celle du compositeur Sergueï Rachmaninov que ton père connaît pour l'avoir rencontré à plusieurs reprises au Canada, d'abord en 1919 dans le studio de son maître de musique Alfred Laliberté, puis à l'automne 1931 alors que le grand musicien russe présentait en première mondiale à Montréal quelques-unes de ses époustouflantes *Variations sur un thème de Corelli*. C'est donc un ami qui te prend par le bras pour te dire :

« C'est toi qui me succéderas. »

Comme Buster Keaton dont il possède les mêmes traits sculptés dans le granit, Rachmaninov est réputé pour la rareté de son sourire. Ses prestations sont un pur enchantement. Tu as certainement dû l'apercevoir, son dos arc-bouté sur le clavier, ses longues mains souples tirant de l'instrument les sons les plus délicats. Dans la rue ou au café, avec son chapeau à large bord, lorsqu'il marche en silence ou lorsqu'il tire nonchalamment sur son fume-cigarette, personne ne le remarque. Dans les réceptions, il évite de faire des phrases, de toute façon, avec son accent et son humour slaves, personne n'y comprend rien. C'est que Rachmaninov ne réside pas dans son corps, il habite dans sa musique. Il fait partie de ces artistes qui s'effacent complètement devant leur art. Aussi, quand il t'annonce que tu lui succéderas, il ne te parle pas de succès ou de carrière, mais de ta place dans l'histoire, à sa suite, dans la constellation des Romantiques.

« Tu me succéderas. » Peut-être as-tu reçu cette petite adresse comme un signe, comme un sacre, voire comme un défi. À une époque qui voyait les assauts conjugués de Stravinski, Milhaud, Schoenberg, Ives et Bartók, il était en effet risqué pour un musicien de rester loyal à la tradition romantique. Rachmaninov en était certainement conscient, lui qui, bien qu'adulé du public, était jugé sévèrement par ses pairs. Toi, tu l'admires bien évidemment. Mais votre entente appartient à l'ordre du secret. Car malgré tout ce qu'on a pu raconter à ce sujet, tu t'es rarement exprimé, hormis dans ta musique, sur l'œuvre de ton illustre prédécesseur, allant jusqu'à omettre son nom lorsque, des années plus tard (à l'émission *Jeunesse oblige* de Radio-Canada), on te demandera d'énumérer tes compositeurs préférés.

Tu as huit ans. Paris est le théâtre de manifestations violentes. Les anarchistes s'opposent aux communistes qui ferraillent avec les nationalistes. Dans l'Espagne voisine, la guerre civile éclate, opposant les Républicains aux fascistes. La France et l'Angleterre hésitant à intervenir, les avions allemands bombardent la ville de Guernica. Bilan : 1500 morts. On verra plus tard dans cette agression le vrai début de la Seconde Guerre mondiale.

Dans son atelier de la rue des Grands-Augustins, Pablo Picasso traduit son indignation dans un tableau qui demeurera son plus grand chef-d'œuvre. La toile de huit mètres de large sur trois mètres cinquante de haut orne le mur de l'entrée du pavillon de l'Espagne à l'Exposition universelle de 1937 qui se tient place du Trocadéro. On rapporte que des centaines de milliers de personnes font la queue pour admirer *Guernica* de Picasso, tandis qu'à Munich Hitler organise une exposition en réponse à l'art « dégénéré » que pratiquent les cubistes et autres peintres de l'avant-garde.

On discute beaucoup autour de toi de politique internationale. Certains parmi vos amis affichent leur sympathie pour le gouvernement musclé au pouvoir en Allemagne. C'est le cas du vicomte Henri de Maublanc, qui vous reçoit dans sa superbe villa Midori, dans le village Les Loges en Josas, près de

Versailles. Il n'est pas rare de trouver en cette période troublée des gens cultivés qui se déclarent en faveur des régimes autoritaires. Maublanc ne s'en cache pas. Pour lui, Hitler est un type bien.

Conçue par le designer Hugues Krafft selon le style japonisant à la mode durant les années trente, la villa Midori est un véritable traité d'architecture à ciel ouvert et ses jardins dédiés au Bouddha comptent parmi les plus somptueux d'Europe. Les Maublanc sont des gens de goût. La femme du vicomte, Gladys, est la sœur d'Elizabeth Arden, qui, depuis New York, règne sur un véritable empire international de la beauté. Gladys a toute la confiance de sa sœur. Avec son mari, elle dirige le maillon européen de la richissime compagnie américaine.

Tu voyages continuellement durant ces années parisiennes, pas moins de trois aller-retour entre le Québec et la France, où ta réputation ne cesse de grandir.

C'est aussi l'époque où tu composes « à contrecœur », rapportera ta mère plus tard, un *Hommage à Mozart enfant* dédié à Mme Homberg. Pourquoi à contrecœur ? D'une part, parce que tu ne supportes pas Mozart, trop féminin, trop puéril, trop enfantin à ton goût. « Mozart, déclareras-tu plus tard, c'est de la musique de dentelle, très agréable... On danse sur la musique de Mozart mais sur la musique de Bach, on réfléchit. » D'autre part, parce que tu exècres les comparaisons. Le génie est unique, c'est là sa caractéristique principale. Est-ce qu'on qualifiait Mozart de Purcell de sa génération ? Alors, tu aimerais bien qu'on te foute la paix avec ce satané Amadeus.

Étrangement, alors qu'on se pâme lorsque tu es assis au piano, on cesse de s'intéresser à toi dès que tu ouvres la bouche. Dans les salons, tu as beau exprimer des avis très sentis sur les arts ou la politique, personne ne fait attention. Après tout, se dit-on, tu n'es qu'un enfant.

Il y a cependant des impressions, ou plutôt des opinions, sur ton compte que tu aimerais rectifier. Aussi, un jour, après avoir pris le temps de te préparer, tu lances à ta protectrice :

« Je ne suis pas Mozart, je suis moi. »

Voilà, c'est dit : *Je suis moi ! Je suis moi ! Je suis moi !*

Cette fois, petit homme, Mme Homberg a pris soin de t'écouter. Elle a aperçu la panique dans tes yeux, elle a surpris la colère sur tes lèvres frémissantes. « Je comprends », a-t-elle murmuré en caressant le velours de tes cheveux noirs. Puis, après avoir déposé un baiser léger sur ton front, elle t'a offert un gâteau. Tout le monde sait comme tu aimes les confiseries.

Devant ta crème chantilly, tu sens la moutarde te monter au nez. Quand vont-ils finir par te prendre au sérieux ? Si ça continue, tu vas t'emporter pour de vrai. Mais tu es si bon. Tu n'oses pas faire de peine à tous ces gens qui croient en toi. Combien d'enfants se laissent ainsi abuser par les adultes ? Pour leur faire plaisir, ils font semblant de rivaliser avec eux, ils font semblant de les imiter, de les admirer. Après, ils le regrettent, mais il est trop tard.

Ils ont laissé filer leur vie entre leurs doigts.

17 septembre

Petite discussion, hier, avec Robertine.

Elle veut savoir où j'en suis.

Je suis embêté. Comment expliquer à cette maniaque des faits que je me laisse guider par le hasard de mes rencontres et de mes lectures ? Que je n'ai ni plan ni méthode, et qu'en plus je passe une partie de mon temps à la poursuite d'un tableau exécuté au temps de la Grande Noirceur par le professeur de ma blonde ?

– As-tu une idée de l'angle que tu privilégieras ? insiste-t-elle.

– Je suivrai la piste du néo-Romantisme. Mathieu se définissait comme un Romantique moderne.

– Si je saisis bien, ce n'était pas un novateur.

– Il méprisait l'avant-garde et n'avait que dédain pour la musique atonale ou les exercices dodécaphoniques.

– Est-ce à dire qu'il était à contre-courant de son siècle ?

– Ce n'est pas aussi simple. Il était un grand admirateur de Stravinski et pouvait apprécier des compositeurs comme Messiaen, Schoenberg ou Alban Berg. Cependant, ses propres œuvres s'articulent autour d'une ligne mélodique chantante, agréable pour l'oreille. Il possédait un esprit harmonique. Au total, il était assez conservateur.

– Ça t'embête ?

– Je peux comprendre qu'un artiste résiste aux canons de son époque. Et puis, peut-on affirmer d'un ti-cul de dix ans qui apprécie Stravinski qu'il est passéiste ? Seulement ses goûts évolueront très peu. De l'âge de dix ans jusqu'à sa mort, ils ne changeront pratiquement pas. D'une certaine façon, il appartient au XIXe siècle français. Ce qui m'amène à penser qu'il est né au mauvais endroit, au mauvais moment. Son identité véritable est celle d'un compositeur romantique.

– As-tu procédé à des entretiens ?

– Très peu. Je préfère laisser venir.

– Ça me semble risqué.

– Écoute, j'en suis encore à l'étape préliminaire. Parfois, j'ai le goût de laisser tomber. C'est assez *heavy* comme histoire.

– *Heavy* ?

– Comme beaucoup de Romantiques, Mathieu est mélancolique, instable, autodestructeur.

– Oui, je sais : alcoolisme, dépression, tendances suicidaires.

– Si ce n'était que ça. Mais il faut composer également avec ses opinions politiques. À Paris, avant la guerre, il a surtout été encensé par la presse de droite, antiparlementaire et antidémocratique.

Adolescent, il se laisse séduire par les figures autoritaires, les militaristes, les leaders musclés. Il tient un discours disons... réactionnaire. Comme il est têtu, il persiste. C'est aussi un misogyne. En plus, il ne supporte pas les gais.

– Tu n'es pas obligé de l'approuver, Aimé. Un héros national, ça s'analyse, ça se critique. S'il le faut, n'hésite pas à l'attaquer.

– Je ne peux pas.

– Ne crains rien, en tant que directrice du département, je te soutiendrai.

– C'est impossible. On ne frappe pas quelqu'un qui est à terre. Mathieu est un héros enchaîné.

– Bon. Je te donne deux semaines. Je veux un plan détaillé.

19 septembre

On a fait de ton récital du 26 mars 1939 à la salle Gaveau, à Paris, le sommet de ta carrière européenne. Il est vrai que les critiques n'ont pas ménagé leurs éloges. Cependant, à six mois du début de la Seconde Guerre mondiale, ce triomphe a un arrière-goût de cendre, ne serait-ce que parce qu'il t'est accordé en bonne partie par des gens peu recommandables à une époque qui est également assez peu fréquentable.

De fait, ce succès parisien te coûtera cher. *Est-ce qu'ils vont m'aimer ?* Devant un parterre aussi brillant, tu laisses tomber ta garde, tu omets de te protéger. Leur admiration est si sincère. Il est normal de se sentir flatté. Cependant, petit prince aux doigts d'or, tu es du continent qui sauvera le monde, tu es de la génération qui inventera le rock'n'roll. Tu n'as rien à voir avec cet univers qui s'écroule.

Printemps 1939 à la salle Gaveau, ton exploit porte d'autant plus à conséquence qu'il survient à une époque où ton identité se construit. Confiné dans le cercle des femmes et les salons à musique, tu te sens incomplet, inachevé, incompétent. Tu détestes ton âge qui te renvoie sans cesse à ton impuissance, à ton insignifiance. À dix ans, tu as du génie, mais tu veux aussi du muscle. Tu as des admirateurs, mais tu veux des interlocuteurs. Tu as des doigts, mais tu veux des griffes. *Je suis moi ! Je suis moi ! Je suis moi !*

Mais il ne suffit pas de prononcer quelque formule magique. Pour être adulte, il faut aussi prouver sa virilité. Alors, tu te cherches des modèles. Tu regardes autour de toi. De toute évidence, avec son petit manteau, avec son petit chapeau, ton père, le silencieux Rodolphe, n'est pas tout à fait taillé pour le rôle.

Tu te tournes vers tes professeurs. Ce sont de beaux esprits, mais peut-on parler de virilité ici ?

Prenons Jacques de la Presle, ton professeur de composition, un homme exquis, détenteur du prix de Rome, dont les œuvres se situent « dans le droit fil de la pure tradition de la musique française », lit-on dans les encyclopédies musicales. Avec son crâne dégarni, ses yeux doux, sa petite moustache, ses lunettes en forme de hublots, il évoque le type même du professeur républicain, ouvert et accueillant, confiant dans le pouvoir de la connaissance pour venir à bout de la cruauté du monde.

Né en 1888, il a l'âge de ton père. Sur une photo prise durant vos vacances en Picardie, il te retient tendrement par les épaules. Plutôt que de t'abandonner à son geste protecteur, tu offres une résistance, comme si tu voulais t'enfuir. D'évidence, ton idéal de camaraderie masculine ne se trouve pas de ce côté-là.

Quant à Yves Nat, ton professeur d'interprétation, c'est aussi un quinquagénaire. Te voilà entouré de vieux croûtons. Mais Nat est différent et il est impossible que tu n'aies pas été impressionné par un parcours aussi original, aussi éblouissant.

Ex-enfant prodige, interprète magistral des sonates de Beethoven, Yves Nat avait abandonné le concert au faîte d'une brillante carrière internationale pour se consacrer presque exclusivement à la composition. Très peu orthodoxe dans ses méthodes d'enseignement, cet homme sympathique et rondouillard s'insurgeait contre la sacralisation du piano et surtout contre les abus de la technique qui, selon lui, ne servait qu'à fabriquer de petits robots. Il avait la réputation de se montrer très généreux avec ses élèves. Aux plus talentueux il disait : « Ne laissez pas le virtuose étouffer le compositeur. »

On prétendait que ce fan de Gershwin avait hérité d'une liberté qui lui venait de ses contacts avec le jazz – si tu te rappelles bien, il avait vécu aux États-Unis. Comme il possédait une excellente mémoire, il pouvait improviser des heures entières sur des thèmes de Chopin, Ravel ou Debussy, qu'à partir d'une mélodie il réinventait. En tant que compositeur, il n'avait aucun scrupule à puiser chez ses prédécesseurs, ou à citer dans ses propres œuvres les maîtres qu'il admirait. Cette attitude postmoderne était mal vue à l'époque et Honegger va bientôt accuser Nat de plagier Stravinski.

Les influences prennent parfois beaucoup de temps à s'imposer. Sur le moment, tu ne sembles pas trouver chez Nat un modèle très convaincant. De fait, tu vis beaucoup dans ton imagination à travers les romans noirs que tu dévores et la lecture des *funnies*, dans les journaux – ton héros, tu l'as dit, c'est

Tarzan. Autrement, tu mènes une existence presque irréelle. N'es-tu pas toi-même le personnage d'une légende ?

À dix ans, tu fais partie de ce petit contingent d'enfants-vedettes qu'on vénère pour leur « clairvoyance miraculeuse » et leur allure de communiants. À Paris, on se précipite régulièrement chez toi pour te soumettre à des séances de photo et à des interviews ; des articles dithyrambiques paraissent dans les pages de *Marie-Claire* et de la revue *Benjamin* dans lesquels on loue ta simplicité mais aussi ta beauté physique, tes yeux rêveurs et ton front proéminent « à la Debussy ».

Tu constitues également une affaire prospère. Boulevard Raspail, la compagnie La Boîte à Musique te fait signer un contrat de disque ; rue du Dragon, la maison Maurice Senart y va d'un important contrat d'édition. Conséquence de toutes ces rentrées d'argent, tu voyages en première classe à bord du *Normandie*, le paquebot des stars. Pour finir, tu te fais tirer le portrait au studio Harcourt, où le tout-Paris se donne rendez-vous.

On raconte que tu y as croisé Fernandel. Parmi les habitués, il y a aussi Jean Gabin, Joséphine Baker, Michèle Morgan, Arletty. Pourquoi Harcourt ? À cause des cadrages et des mises en scène qui sont les mêmes qu'au cinéma. C'est chic de se faire photographier dans le studio de la rue de Iéna. Ta mère d'ailleurs conservera précieusement ces clichés. Avec ton air pensif, ta grâce angélique, ton front rêveur, tu y possèdes une maturité étrange. Une sorte de lucidité triste, mais également une détermination, comme si tu avais commencé à te rebeller contre ton âge.

Tu passes beaucoup de temps à lire les journaux, « comme un petit homme », dira ta logeuse de la pension Servandoni. Nous voici donc de retour dans la sphère masculine. Ouf, on respire. Parce qu'avec la musique on ne sait jamais, n'est-ce pas ? Je songe encore une fois à ce que tu déclarais au sujet de Mozart : de la musique de dentelle. Imagine-t-on Tarzan sous la dentelle ?

Les journaux, en revanche, distillent un parfum de casernes, un parfum d'arènes, de bivouac, de soldats en campagne. C'est qu'on rugit fort dans les gazettes en France à la veille de la Seconde Guerre mondiale. À droite, en particulier, les caïds de la plume se prennent pour de véritables commandos. Impitoyables, cinglants, sanglants, ils intimident, ils chargent, ils blessent.

Néanmoins, il y a dans leurs formules du panache, du feu, voire une sorte de démence, qui, aux yeux d'un jeune garçon décidé à s'affranchir, peut passer pour de la force. Or, ces jeunes fascistes ne sont pas des ignorants ou des buses, mais des écrivains de talent, des musiciens confirmés. À l'instar d'un Brasillach ou d'un Rebatet, ils appartiennent à la fine fleur de l'intelligentsia, érudite, néo-romantique, pleine de finesse et de savoir vivre. Artistes et mâles. Cruels mais virils.

Lucien Rebatet, tu le connais puisque son nom figure en première place parmi tes admirateurs. Après ton récital à la salle Gaveau, cet antisémite notoire a vanté dans *L'Action française* tes dons exceptionnels, sans oublier de souligner au passage que tu étais un « petit chrétien », par opposition aux « petits Juifs » qui, « favorisés par la précocité de leur race », avaient jusque-là constitué l'essentiel du contingent des enfants prodiges à Paris.

Condamné à mort pour faits de collaboration en 1946, Rebatet, qui échappa de justesse au poteau d'exécution, reconnaîtra certaines « erreurs » à la fin de sa vie, mettant sa conduite sur le compte d'une France extrêmement « corrompue » à l'époque, une France en proie au désordre et à la confusion. « Notre génération a été sacrifiée par la politique », déclarera-t-il quelques mois avant de mourir en 1972.

Mais revenons à ce concert qui marque ta consécration au printemps 1939. Une autre critique, restée fameuse celle-là, nous vient d'Émile Vuillermoz, journaliste et compositeur qui signe des articles dans le journal *Candide*, un hebdomadaire de la droite maurrassienne. Tu veux peut-être réentendre la phrase qui a été mise mille fois entre guillemets : « Je ne sais pas encore si le petit André Mathieu deviendra un aussi grand musicien que Mozart, mais j'affirme qu'à son âge Mozart n'avait rien créé de comparable à ce que nous a exécuté, avec un brio étourdissant, ce miraculeux garçonnet. »

« Un brio étourdissant », « ce miraculeux garçonnet » : de telles expressions sont inoubliables. Celui qui s'en sert est un être charmant qui ne peut être comparé à un propagandiste du fascisme comme Rebatet. Néanmoins, Vuillermoz est un conservateur, un homme de droite, lui aussi.

En musique, son héros, c'est Claude Debussy, qu'il désigne par son surnom aristocratique de « Claude de France ». Debussy, spécifie-t-il dans son

Histoire de la musique, a eu le souci « de défendre les vertus ethniques » du style français contre l'invasion des sons étrangers. Or, « malgré leur nationalisme intransigeant », ses œuvres « n'ont eu aucune peine à franchir les frontières ».

Ainsi, le nationalisme intransigeant et l'universalité d'une œuvre ne sont pas incompatibles. Tu prends note.

De même, tu ne peux ignorer un antiaméricanisme qui te cite comme exemple. L'allusion nous vient encore une fois de Lucien Rebatet, qui, dans ce même article du 31 mars 1939, exprime le regret que tu sois né de l'autre côté de l'océan, dans ce Nouveau Monde mal dégrossi où l'on pratique cette religion vulgaire qu'est la démocratie.

« On ne peut retenir quelque inquiétude en songeant que l'enfant, écrit le chroniqueur, habite le Nouveau Monde, qu'il est déjà connu en Amérique, qu'il y a fait des tournées. Quelles images grossières ne risque-t-on pas d'imprimer là-bas sur la cire vierge de cette âme d'un petit garçon qui actuellement possède une sorte de génie. »

Antiaméricanisme, nationalisme, antisémitisme : en dressant l'inventaire des idées qui te sont associées durant ces années à Paris, on se rend compte qu'un bon nombre d'entre elles correspondent à la définition que donne l'historien Jean-Pierre Azéma de « l'esthétique néo-romantique », qui repose selon lui sur une demi-douzaine de préceptes, dont « le culte de la force physique, l'obsession de la virilité, l'exaltation de la nature, et le mépris intellectuel des intellectuels ».

Or, il semble bien que, mû par un désir pressant d'en finir avec l'enfance, tu te sois entiché de cet esprit « néo-romantique », en vigueur à cette époque dans les cercles de la droite et défendu avec tant de panache par les jeunes hussards des lettres françaises. Pour toi, c'était une sorte de raccourci pour gagner le monde des « vrais hommes », le monde des adultes. Une façon de te sortir du piège du petit Mozart, ce gamin génial mais inoffensif, talentueux mais sans aucun pouvoir.

Aussi, la France de 1936 restera à jamais pour toi un paradis perdu, l'échappatoire que tu ne connaîtras pas, le début d'un affranchissement qui ne viendra jamais. À aucun moment tu ne remettras en cause ses travers et ses illusions. Pourquoi le ferais-tu ? Cette France-là t'avait adopté comme un fils, elle t'avait accueilli comme un prince. Tu l'aimais avec ses imperfections, son orgueil insensé, ses raisonnements fallacieux et sa façon unique de se diriger la tête haute vers l'abîme. Oui, tu aurais voulu mourir pour cette France néo-romantique, fille de Chopin et de Napoléon, patrie du verbe et de l'aveuglement.

Mais durant l'automne 1939, tu n'as pas encore joué toutes tes cartes. Retenu par la guerre au Québec (où tu te trouves avec ta famille depuis le début de juillet), il te faut renoncer pour de bon à regagner cette France qui, à la suite de l'invasion de la Pologne par Hitler, le 3 septembre, vient de déclarer la guerre à l'Allemagne.

Une fois de plus, ton destin bifurque. Prochaine étape : l'Amérique du jazz et de Walt Disney, que malgré les mises en garde d'un Rebatet, tu vas commencer par adorer.

22 octobre

À New York durant la guerre, j'entends ton rire.

Rire en apercevant le tracé des rivières et des lacs du haut du DC-3 qui te conduit à Manhattan, durant ton baptême de l'air sur les ailes de la Canadian Colonial Airways. Tu te souviens ? Tu es parti de l'aéroport de Saint-Hubert.

Rire en voyant surgir la souris Mickey sous les traits de l'apprenti sorcier, dans *Fantasia* de Walt Disney. Tu te souviens ? Les puristes détestent ce film qui s'est donné pour mission de vulgariser la musique classique. Toi, tu adores.

Rire de nouveau en avalant ta première gorgée de lait malté. Rire en entendant les critiques t'appeler *boy composer* ou *master Mathieu*. Rire en regardant ta mère (elle qui ne se maquille jamais) essayer les rouges à lèvres offerts par Miss Arden.

Rire en assistant à tes premiers spectacles de jazz. En pleine salle de concert, devant l'orchestre de Paul Whiteman, tu t'esclaffes si fort que ton père en est gêné. Tu lui expliques : « Je ne ris pas de lui mais avec lui. Sa musique est si gaie. Whiteman a de la musique jusque dans les pieds ! »

Rire devant l'objectif du photographe. Par rapport à Rodolphe et à Minou, dont les visages fermés trahissent une componction presque macabre, tu affiches sur nombre de photos ce genre d'espièglerie qui, comme Mozart nous l'a appris, constitue une sorte de préalable au génie.

Puis, du jour au lendemain, tes traits se durcissent. Bang ! Finie la désinvolture, ton visage devient grave, tragique. Pourtant, les succès continuent de s'accumuler sur ta petite personne. Quant à la musique, elle déborde toujours de ta tête, mais quelque chose s'est brisé. Personne n'a jamais su comment ni pourquoi. Toi, le sais-tu ?

Récapitulons.

Après deux ans et demi passés en France, tu arrives ici gonflé à bloc, persuadé que tu retourneras à Paris à l'automne, mais bon, la guerre éclate, tes plans changent et tu ne t'en portes pas plus mal.

Surdoué au verbe haut et au physique athlétique, tu exsudes une incroyable joie de vivre. « Quand il venait chez nous à cette époque, m'a rapporté Marion Beauchemin, il rendait les adultes fous d'inquiétude. Il filait sur la bicyclette de mon frère, grimpait dans les arbres ou sur les toits des maisons, pour disparaître parfois durant des heures entières dans les boisés ou dans les parcs. »

Monsieur-sait-tout, tu es incollable sur les noms des capitales, des chefs d'État, des gouvernements de tous les pays du monde. Tu connais également par cœur les grandes dates de l'histoire occidentale. Tu n'ignores aucun détail au sujet des musiciens patriotes qui, comme le Polonais Ignacy Paderewski, ont su conjuguer leur carrière artistique avec les plus hautes fonctions à la tête de l'État. Tu dévores une demi-douzaine de journaux par jour. Tu t'entoures d'animaux domestiques (on rapporte la présence de deux chiens et de quatre chats). Tu bats tout le monde aux échecs.

Démonstration de force. Esprit de compétition. Si on te mentionne un autre compositeur enfant, Clermont Pépin par exemple, tu t'empresses d'écarter ce rival plus âgé. « Je garde mon record d'avoir joué mes compositions à cinq ans », rappelles-tu. Un record que ne te disputera jamais le compositeur beauceron. Il t'avait vu en concert, à Québec. Dans son esprit, tu dépassais tous les prétendants passés, présents et futurs. À jamais le plus doué, le plus grand. « Quand on pense à André Mathieu, dira-t-il plus tard, il n'est pas question qu'on parle de moi comme d'un enfant prodige. »

Tu vas d'ailleurs chercher jusqu'à mille dollars par concert. Tes formidables cachets permettent à ta famille de se procurer automobile, voyages, toilettes, fourrures. On murmure par ailleurs que tu n'as aucun respect pour l'argent. Que si on te laissait la gestion de ton portefeuille, tu dépenserais jusqu'au dernier sou. Alors, pour ne pas prendre de risque, on te distribue de petites allocations au compte-gouttes. Un journaliste rapporte même que tu dois implorer ton père chaque fois que tu désires te payer une friandise.

Ton coup de piano reflète la même invraisemblable dépense. « Il jouait avec une telle intensité ! m'a confié une de tes admiratrices de l'époque. Je me souviens, j'avais mis ma joue d'enfant contre l'instrument. C'était tellement fort que tout mon corps tremblait. »

Cet été de ton retour au pays, tu t'adonnes sans relâche aux plaisirs de la plage, principalement à la voile et à la natation. Tu es bronzé et costaud comme un marin, tout le contraire de ton père dont le visage est d'une pâleur à faire rougir un mort. Les journalistes sont à tes trousses. Tu leur présentes Bibi, un berger malinois recueilli à Paris, une bête hyper sympathique qui suit attentivement ton jeu au piano. Une photo te montre avec lui dans une attitude tendre où, pour une fois, champion garçonnet, tu laisses entrevoir ta vulnérabilité. De fait, il s'agit d'une des rares images, hormis celles où tu apparais aux côtés de ta petite sœur, qui te surprend dans un rapport affectif. Avec tes parents, il y a toujours une distance, on sent une gêne.

Ton père, d'ailleurs, se défie de toi. « J'ai peur de lui », confesse-t-il au journaliste du *Montreal Standard*. « Il n'accepte jamais d'être contredit », ajoute-t-il. C'est l'époque où tu fais des déclarations à l'emporte-pièce. Tu affirmes que, plus tard, tu seras premier ministre ou chef militaire. Qu'une fois au pouvoir tu t'arrangeras pour avoir la meilleure armée du monde.

Mais tu as beau te frapper la poitrine avec les poings comme Tarzan, poser au général ou au roi de la jungle, tu es ému aux larmes lorsqu'on abat une volaille. La violence te révulse. Tu es incapable de supporter la vue du sang. Mais tu t'empresses de réprimer cette réaction trop peu virile, préférant passer pour un réac plutôt que d'avoir l'air d'une fille.

Nul doute que ton ambitieuse maman n'est pas tout à fait étrangère à cette trouille du féminin. Car si ton père règne sur tes doigts robustes, Minou exerce son emprise sur ton esprit. Ayant décidé avant même ta naissance que tu serais un être d'exception, elle t'invente un peu plus chaque jour. Si tu l'écoutais, tu ne grandirais jamais. D'ailleurs, elle n'a jamais cessé de mentir sur ton âge. À neuf ans, elle annonce que tu en as sept. À onze, elle te ramène à neuf. Ce n'est pas mensonge, sermonne-t-elle, mais prudence. Car les chiffres appartiennent au monde occulte, à l'alchimie, à la magie. Il faut savoir les maîtriser. Tu retiendras si bien la leçon qu'au crépuscule de ta vie tu te rajeuniras en annonçant qu'« à trente-cinq ans » tu commences une deuxième carrière. Sauf qu'au moment de cette déclaration tu es sur le point de célébrer tes trente-neuf ans.

Ah, ta mère, avec ses yeux noirs et sa peau blanche comme l'ivoire du piano ! Tu ne te doutais pas qu'elle serait si exigeante, si perfectionniste. Tu ne t'en doutais pas parce qu'elle te parle le langage de l'amour. Or, qui peut résister à l'amour maternel ?

Il faut voir avec quelle inquiétude elle te couve, avec quel soin elle t'habille. Depuis les tout premiers récitals, c'est elle qui choisit les chemises à col rond, les polos rayés, les bérets, les cravates, les mouchoirs de soie qui parent ta garde-robe. Elle a une prédilection pour les culottes courtes, les bas trois-quarts retenus par des élastiques, les souliers vernis, ainsi que les gants de chevreau achetés à Paris.

Elle te traîne ainsi devant la foule, impeccable, irréprochable, comme un petit saint dans sa niche. Surtout ne bouge pas, ne te salis pas, ne te décoiffe pas. Plus tard, elle fera broder ton monogramme sur tes débardeurs, à la place du cœur. Sauf qu'un monogramme et des culottes courtes à douze ans, c'est un peu appuyé. Parfois, tu surprends une lueur amusée sur les visages. Comme cette fois où tu t'es présenté sur scène avec ton éternel costume blanc, les genoux à découvert en plein hiver, ce qui donnait l'impression, a spécifié un critique new-yorkais, que tu t'apprêtais à « livrer un match de tennis ».

Janvier 1940, ton séjour à Manhattan a débuté sur un grand pied. Voyage en avion. Séjour à l'hôtel Pierre. Dîners en compagnie des Rockefeller, de Henry Ford III. Comme ce fut le cas à Paris, tu bénéficies des largesses d'un protecteur extravagant et généreux, cette fois-ci en la personne d'Elizabeth Arden, la redoutable reine des produits de beauté, dont le quartier général, le fameux Red Door Salon, est situé dans la 5e Avenue à Manhattan.

D'origine canadienne (elle est née en Ontario), Mlle Arden te reçoit dans le boudoir rose de son chic appartement au sommet d'une tour vertigineuse avec vue sur Central Park. À soixante ans, elle est la plus riche *self-made-woman* du monde. Rousse, maigre, autoritaire, décidée à ne pas se faire damer le pion par sa rivale Helena Rubinstein, elle dirige sa multinationale d'une main de fer. Dans le Paris de l'Occupation où sa sœur Gladys de Maublanc règne sur l'entreprise avec son mari aristocrate, les affaires continuent à marcher rondement. Mais la sympathie du vicomte pour les gouvernements fascistes ont commencé à embarrasser Miss Arden.

À New York, des lettres ont atterri sur le bureau du directeur du Federal Bureau of Investigation. Des lettres du style : *Miss Elizabeth Arden maintient des liens avec le gouvernement en place en Allemagne, j'ai même aperçu des photos de dirigeants nazis sur son piano.* Edgar Hoover est embêté. Elizabeth est sa grande copine. Comme lui, elle ne peut supporter les communistes. De plus, elle travaille comme agent secret dans le très sélect Special Service Contact National Defense Matters, qui fait partie du FBI.

Néanmoins, après l'attaque sur Pearl Harbor, en 1941, et l'entrée en guerre des États-Unis, Hoover n'a pas le choix : il ordonne une enquête. Il existe ainsi dans les fichiers du FBI un dossier sur les accointances d'Elizabeth Arden avec les nazis. Mais il n'y aura pas de suite à cette investigation, et la « reine Elizabeth » pourra poursuivre son étonnante et lucrative carrière dans le monde des affaires. À sa mort, en 1966, son empire de beauté vaudra cinquante millions de dollars, somme que se partageront sa sœur, sa nièce et son chauffeur.

Est-ce Miss Arden qui a eu l'idée brillante de te faire jouer au Town Hall ? On ne pouvait rêver meilleure rampe de lancement que ce théâtre de mille cinq cents places où les plus grandes célébrités du monde musical ont fait leurs débuts américains, depuis Rachmaninov jusqu'à Bob Dylan, en passant par Marian Anderson, Isaac Stern et Billie Holiday.

À deux pas de Times Square, au 123 de la 43e Rue Ouest, tu peux apercevoir ton nom qui clignote sur la marquise. Il y a aussi, sur les murs de Broadway, quelques affiches où l'on te présente comme un gosse de neuf ans alors que tu en as presque onze. À part ça, on a fait très peu de publicité. Néanmoins, le soir du 3 février 1940, les critiques tombent tous sur le cul en t'entendant. Que ce soit dans le *New York Times* ou le *Herald Tribune*, partout la réaction s'apparente au délire: *Sensational ! Remarkable ! Fascinating !* Aux yeux de ces Américains cultivés et délurés, tu constitues un phénomène qui se produit une fois par génération.

Sweet smell of success. Ce n'est plus l'accolade sentencieuse et légèrement pompeuse du tout-Paris, mais une admiration franche et généreuse, exempte de toute idéologie, de toute politique. Inévitablement, on bute sur les sempiternelles références à Mozart, mais elles sont formulées de façon beaucoup moins appuyée qu'en Europe. À New York, on loue avant tout ton énergie, on s'émerveille à la fois devant ton talent d'interprète et tes dons de compositeur.

« Un style qui rappelle les compositeurs les plus éminents tels que Ravel et Stravinski », jugera pour sa part le magazine *Time*. Être comparé à Stravinski dont *Le Sacre du printemps* accompagne la danse des dinosaures dans *Fantasia* : peut-on imaginer consécration plus parfaite ?

Pourtant, quelque chose cloche. Malgré ce départ canon, les dollars qui affluent, les néons qui brillent, tu t'étioles à New York.

Il ne s'agit pas de l'angoisse qui empêche les maniaques de s'éloigner de leur lit ou de leur couvert habituels. Mais d'un mal plus insidieux qui met en cause l'attachement viscéral que tu éprouves à l'égard de ton sol natal. Un attachement qui frise la dépendance psychologique et qui fait songer à l'accoutumance aux substances toxiques. En bref, c'est la séparation d'avec le territoire que tu ne supportes pas. Depuis le premier bateau, depuis le premier train, tu te languis loin des paysages de ta patrie. Même à Paris, tu ne souffrais pas d'être éloigné trop longtemps. Une douleur qui devient plus aiguë à mesure que tu vieillis. Comme si l'éloignement te privait d'une partie de tes forces, le déracinement t'affaiblit.

Alors, Walt Disney peut bien faire danser toutes les souris du monde, les contrats pleuvoir sur ta tête, les applaudissements réjouir ta mère, à un moment donné, tu n'en peux plus. Comme un amoureux compte les jours qui le séparent de celle qu'il aime, tu attends fiévreusement le moment où tu monteras dans la voiture pour enfin te diriger vers le nord. Ton père a beau conduire comme un pied, s'embrouiller en chemin, frôler l'accident. Qu'importe.

Tu reviens chez nous.

Pour deux semaines, un mois ou deux mois, tu retrouves le bruit du vent dans les peupliers deltoïdes, près du chalet de ta grand-mère à Saint-Constant, les levers du soleil sur le fleuve derrière le vieux moulin à Grondines, le sucre à la crème de ta tante Manille, le chant des crapauds dans l'étang, les cloches aux matines. En prime, tu te gaves de l'amour infini de ton public, ce public qui t'attend avec la folle espérance des princesses endormies.

Au pays, tes récitals déclenchent la frénésie, presque l'émeute en certains cas. Après le dernier rappel, on te réclame souvent pendant trois quarts d'heure. Les filles t'envoient des mots doux. Tu signes des autographes par centaines. Tes fans épient tes déplacements. Les personnalités, comme le recteur de l'Université de Montréal, Mgr Olivier Maurault, te supplient de leur dédier une œuvre. Au Château

Laurier, à Ottawa, un soir, la foule de tes admirateurs est tellement dense que tu dois t'enfuir par les cuisines.

Le succès fait des envieux. Certains ne veulent pas croire que tu sois l'auteur de tant de chefs-d'œuvre. D'autres accusent ton père de t'exploiter effrontément. Non sans raison. Depuis votre retour de Paris, Rodolphe semble décidé à transformer son prodige en athlète du piano, afin de prouver que son fils est aussi habile dans l'interprétation (bonjour Liszt, Debussy, Daquin, Ibert, Beethoven, Schubert et Chopin) que dans l'invention de gracieuses mélodies. Cela peut engendrer une certaine confusion. Es-tu pianiste virtuose ou compositeur ? Ton père a réglé la question : son fils, dit-il, est pianiste-compositeur.

Ainsi, il te fait jouer, sous l'égide des Concerts symphoniques de Montréal, devant les publics les plus exigeants (les membres de la famille royale britannique, le gouverneur général du Canada), sous la baguette des plus grands chefs, dont Sir Thomas Beecham, Jean Morel et Désiré Defauw.

Comme si cela ne suffisait pas, il t'entraîne dans des tournées frénétiques à travers la province, mais aussi en Ontario et dans l'est des États-Unis, comme à Pawtucket, dans le Rhode Island, où il y a une forte population franco-américaine et où l'on t'accueille comme le messie.

Pour finir, il te ramène à New York à temps pour le début des cours à l'université Columbia auprès de ton maître Harold Morris. Tu suis également des leçons de direction d'orchestre avec Jean Morel. Tout en poursuivant ta carrière de créateur. À croire qu'il veut te faire courir le marathon.

Le 2 février 1942, tu apprends par la radio que tu as remporté le premier prix du concours des Jeunes compositeurs, organisé par la Société philharmonique de New York à l'occasion de son centième anniversaire. Le plus jeune de tous les concurrents, tu avais soumis ton *Concertino nº 2* deux mois plus tôt. Comme toujours, il te faut savourer ce triomphe (et la bourse de deux cents dollars qui t'a été décernée) en pensant au prochain défi. Car tu as moins de trois semaines pour préparer ton concert au Carnegie Hall où tu es invité à présenter ton *Concertino* sous la baguette de Rudolf Ganz.

À l'angle de la 57e Rue et de la 7e Avenue, le Carnegie Hall est, avec Covent Garden, la salle de concert la plus prestigieuse du monde. Cette fois, pas de marquise agitée de tics nerveux, mais ton nom en caractères gras sur des affiches élégantes qui font plus de six pieds de haut. Pour la première fois, tu exprimes le souhait qu'un autre joue ton *Concertino* à ta place. Néanmoins, le 21 février, petit forçat des touches blanches et noires, tu seras au rendez-vous sous le plafond à caissons surchargé de dorures pour affronter la houle familière.

Est-ce qu'ils vont m'aimer ? Pas de souci, ils t'adorent.

À part toi, le jury a couronné cinq participants parmi les soixante-quinze adolescents qui lui ont soumis des manuscrits. Des garçons et des filles au profil original dont la grande majorité mèneront des carrières éblouissantes. C'est le cas, entre autres, de Dika Newlin, auteure de trois opéras et qui, en se tournant vers le rock-punk à soixante-dix ans, deviendra une sorte de Frank Zappa féminin ! Et de Gunther Schuller, lauréat d'un prix Pulitzer, compositeur de près de deux cents œuvres et qui jouera aux côtés de Miles Davis et de Dizzy Gillespie.

J'ai parlé à Gunther Schuller. Il a l'intention de te mentionner dans son autobiographie. « J'ai prévu une note en bas de page qui dirait ceci : " Est-ce que quelqu'un a entendu parler de lui ? " » Depuis des années, en tournée à Toronto ou à Montréal, il s'informe : qu'est devenu André Mathieu ? « Jusqu'ici personne n'a jamais pu me répondre. Un peu comme s'il avait disparu de la surface de la terre. » À New York, en 1942, il n'est pas certain de s'être entretenu avec toi, mais il garde en mémoire l'esprit de ton concertino : « C'était typiquement français, à la Poulenc. » Il se rappelle également le montant de la bourse qui lui avait été accordée par la Société philharmonique : vingt-cinq dollars, soit le huitième de ton premier prix de deux cents dollars.

Un jury de talent t'a donc élu à New York premier compositeur de l'avenir. À douze ans, cela pourrait t'ouvrir les portes d'une fabuleuse carrière internationale. Bizarrement, c'est le moment que tu choisis pour te replier sur les affaires publiques. Car non seulement tu veux conquérir le monde par la musique, mais tu entends également te mêler de politique.

Ainsi, durant une visite à Québec, tu joins la section jeunesse du Bloc populaire canadien, une formation qui s'oppose fermement à la conscription et qui prône l'autonomie du Québec, notamment au chapitre de la politique internationale et en matière d'immigration.

Dans le même ordre d'idées, le 17 avril 1942, tu adresses une lettre d'appui à la Ligue de défense du Canada pour exprimer ton opposition au gouvernement Mackenzie King qui tente de faire avaliser par référendum le recours à la conscription, à l'encontre de la promesse qu'Ottawa avait faite aux Québécois. « Je vous approuve hautement, écris-tu aux membres de la Ligue, d'essayer de faire comprendre au peuple qu'il ne sert à rien d'envoyer nos soldats se battre sur d'autres fronts que celui de notre propre sol. »

Un mois plus tôt, soit le 18 mars 1942, sur la scène du Carnegie Hall pour la deuxième fois, tu représentais le Canada au Festival de musique des Nations alliées devant, entre autres, Albert Einstein et la première dame des États-Unis, Mme Roosevelt, qui tous deux iront te féliciter en coulisses.

Ainsi, tandis qu'à New York tu soutiens l'effort de guerre des Alliés au nom du Canada, chez nous tu revendiques pour les Québécois le droit de se soustraire à ce même effort de guerre au nom de l'autonomie politique. Tu ne seras ni le premier ni le dernier à s'empêtrer dans ce genre de contradictions. N'empêche, une telle posture contribue à exacerber ta fêlure. Car tu as commencé à faiblir sous le poids de tes formidables ambitions, comme un homme qui en aurait trop sur les épaules.

Les événements se télescopent à une vitesse vertigineuse dans ta vie. À Ottawa, tu te lies d'amitié avec le violoniste Gilles Lefebvre qui, à dix-huit ans, rêve d'élaborer avec toi une musique canadienne triomphante qui fera la conquête du monde. Le futur fondateur des Jeunesses musicales du Canada te commande un quintette pour piano et instruments à cordes en vue d'un concert avec l'orchestre de l'Université d'Ottawa. Tu troques enfin tes culottes courtes contre des pantalons longs.

À peu près au même moment, tu élabores les premières ébauches de ton fameux *Concerto de Québec*, ton *Concerto n° 3*. Comme je le rappelais plus tôt, tu trouves le thème principal de ton chef-d'œuvre alors que tu es en visite chez les Beauchemin à Québec. Minou l'a confirmé dans une dédicace qu'elle a adressée à Mme Beauchemin en 1976 : « À ma grande amie Marguerite Beauchemin, ancienne élève de mon Rodolphe, ainsi qu'à sa fille Marion, amies depuis toujours de la famille Mathieu et grandes admiratrices de mon André chéri chez qui il a trouvé le thème du *Concerto de Québec*. Mme Mathieu, sa maman. »

S'inscrivant dans la grande tradition romantique, inspiré par les paysages de ton enfance, articulé autour d'un thème extrêmement lyrique, le *Concerto de Québec* réalise une synthèse entre tes racines québécoises, ta formation européenne et ton expérience américaine. Symphonie supra-identitaire et trans-Atlantique, cette élégie possède une énergie qui en fait une œuvre puissante, à la fois séduisante pour les habitués des salles de concert et accessible aux non-initiés.

De tout temps, cette pièce exercera une fascination sur le public. Pour ma part, si j'avais à expliquer à un citoyen d'une autre galaxie ce qu'est un Québécois, je lui enverrais un enregistrement de ton *Concerto de Québec*. Ta musique résonne de cette nostalgie propre aux exilés, aux orphelins, aux délaissés. En même temps, elle raconte une histoire qui nous est propre. Pas de blague, vieux, je pense que tu as imprimé dans ce langage accessible même aux Martiens l'attachement que, dans son âme sensible et exaltée, chaque être humain ressent pour sa terre natale et, par ricochet, pour sa planète.

On a beaucoup parlé de l'influence de Rachmaninov dans cette œuvre, sans préciser que Rachmaninov était un exilé, qu'il avait quitté sa Russie à l'âge de trente ans, qu'il avait passé la plus grande partie de sa vie adulte à l'étranger avant de s'éteindre en 1945 en Californie. Rachmaninov, le musicien errant, qui t'avait en quelque sorte ordonné de lui succéder. Or, si influence il y a, elle débute là où s'arrête le parcours de ton mentor, c'est-à-dire aux États-Unis. J'irai même plus loin : sans Broadway, sans Gershwin, sans Whiteman, sans Kostelanetz, sans Disney, vieux, tu n'aurais pas composé le *Concerto de Québec*. Il te fallait cette fascination, ce déracinement, ce surplus d'expérience pour y arriver.

Cette œuvre s'inscrit dans la continuité. Plus globalement, elle traduit l'évolution de la musique classique à travers les trois derniers siècles, depuis le Salzbourg de Mozart jusqu'à la France de Ravel et de Debussy, en passant par le Moscou des compositeurs russes du XXe siècle. Elle est la création d'un saltimbanque du piano, d'un génie ouvert sur le monde qui n'aurait jamais dû avoir à choisir entre son pays et la musique.

Après ton premier prix au concours pour les jeunes de la Société philharmonique de New York et le succès de ton *Concerto de Québec* dont tu interpréteras le deuxième mouvement sur les ondes de la CBS, à New York, en octobre 1943, il ne fait aucun doute que tu es promis à un brillant avenir. De fait, personne n'aurait été étonné de te voir faire carrière aux États-Unis.

Mais quelque chose s'est fracturé aux portes de ta renommée. Une sorte d'épuisement, peut-être, qui t'a gagné au moment même où ton cerveau accouchait de ses plus belles envolées. Tu entres dans la période critique de l'adolescence. Avec ton père, les tensions sont de plus en plus fortes – il a même renoué avec la composition pour te mettre au défi, jurant qu'il finirait son quintette avant que tu ne crées le tien ! Il y a aussi que tu changes physiquement. En un an, constate l'envoyé du *New York Times*, tu as pris vingt livres.

La presse anglophone (celle des États-Unis comme celle du Canada anglais) est souvent portée à l'analyse psychologique, peut-être parce que son public nourri des frasques de Hollywood se montre davantage curieux de la vie privée de ses stars. Aussi, c'est un portrait de toi différent qui nous parvient à travers certains articles de journaux en provenance de l'étranger, un gros plan déformé peut-être par certains préjugés et la barrière des langues, mais néanmoins un portrait intimiste différent des habituels clichés hagiographiques.

On y apprend notamment, *moody boy*, que tu passes en quelques minutes d'un état enjoué à une sorte de mécontentement boudeur. Que tu négliges tes jeux d'enfant, évites la compagnie des gamins de ton âge et sombres de plus en plus dans la rêverie, pour ne pas dire dans la mélancolie. « Le prodige ne nous est pas apparu comme un garçon heureux », résume un journaliste de Toronto.

Tes parents, par ailleurs, se plaignent de tes colères, de tes caprices. À certains moments, tu sembles oublier que tu es un artiste. Auquel cas tu rêves de devenir un as, un héros sportif. Résolu à conserver ton statut de vedette, mais désireux de te choisir un métier à ton goût. De fait, n'importe quelle activité virile semble faire l'affaire plutôt que de te contenter de ce que tu es : un poète du piano.

Cette attitude excède ton père qui, pour te narguer, fait mine d'envoyer une lettre au premier ministre de la province. Désolés, nous refusons la bourse d'études promise, mon fils André ayant décidé d'abandonner sa carrière d'artiste pour devenir un champion de tennis ! Ton père qui ne semble plus savoir sur quel pied danser avec toi.

Autre aspect de ta personnalité que les journalistes hors Québec sont davantage en mesure d'observer : ton apparente incapacité à parler anglais. En effet, tu te fais un point d'honneur de répondre à tes interlocuteurs en français, quelle que soit la langue dans laquelle on s'adresse à toi. Tant que la question n'est pas trop compliquée, ça peut aller : « *Eh André, do you like Stravinski ?* » « *Ah, je l'aime beaucoup.* »

Cependant, lorsqu'il te faut développer ta pensée, tu n'y arrives pas. Ou plutôt ce sont eux qui ne te suivent plus. Tu es alors placé devant un choix : soit tu te tais, soit tu tentes le coup dans la langue de Shakespeare. Normalement, petit surdoué à l'oreille surdéveloppée et à la mémoire prodigieuse, tu n'éprouverais aucune difficulté à maîtriser l'anglais – ta sœur y arrive déjà. Il suffirait de t'y mettre (on rapporte que tu bénéficies des services d'un professeur à cet effet) et, en quelques semaines, le tour serait joué.

Mais tes lèvres demeurent scellées. Ta sœur a beau se moquer, tu préfères être la cible de ses ricanements plutôt que de t'abaisser à baragouiner quelques phrases en anglais.

Il y a dans ta réaction un peu de cette conviction, mêlée d'orgueil blessé, que nous possédions, Canadiens français, d'être supérieurs aux autres. Hérauts d'un catholicisme triomphant, nous nous étions donné pour mission de sauver l'Amérique du matérialisme qui la menaçait. Nous avions été désignés par le Très-Haut pour servir d'évangélisateurs, de civilisateurs du Nouveau Monde. Cet apostolat nous mettait à part, en même temps qu'il nous plaçait bien au-dessus de la mêlée, tout près de Jeanne d'Arc, pas loin du bon Dieu.

Au moment de la Révolution tranquille, cette croyance sera dénoncée comme un « mythe consolateur », voire un « mythe funeste » dénué d'humour comme du simple bon sens. Bref, on jeta le messianisme canadien-français au panier en même temps que les chemins de croix et les Ave. Mais pour toi, il y a quelque chose de profondément romantique dans cet idéal mystique. On n'a qu'à écouter ta musique.

Dans la nouvelle capitale culturelle du monde civilisé, tu continues à te produire dans les endroits prestigieux, notamment sous les grands lustres de la Bibliothèque publique de New York, où tu joueras ton *Hommage à Mozart enfant*, et aussi à Brooklyn et à l'hôtel Plaza, à la CBS Radio et trois fois encore au Carnegie Hall.

Une lettre à Guy Beauchemin datée du 16 décembre 1942 nous apprend par ailleurs que tu aurais donné une série de douze concerts dans l'ouest des États-Unis – des prestations dont je n'ai trouvé aucune trace nulle part. « Voyez-vous, dis-tu à tes amis (il s'agit du groupe appartenant au Bloc canadien junior), j'ai beaucoup de travail… »

En réalité, tu es exténué. Et ce maudit quintette que tu n'arrives pas à terminer.

Les photos de cette époque montrent un adolescent qui a grandi trop vite avec des bras exagérément longs et des mains énormes. Beaucoup de pianistes sont comme des porcelaines, avec un teint diaphane et des cernes sous les yeux. On n'ose les approcher de peur de les casser. Toi, au contraire, avec ton corps massif, ton visage vibrant, tes lèvres sensuelles, tu dégages une telle présence que tous, hommes, femmes et enfants, veulent te toucher.

Pas de doute, ce jeune corps est fait pour aimer. Toutefois, tu es issu d'une famille, d'un milieu, d'une religion, d'une société où le plaisir des sens est suspect, où le corps doit être sacrifié. Le modèle christique, encore une fois répété. Ajoute à cela le puritanisme d'une époque de plus en plus crispée. Tu n'en sors pas, vieux. Il faut que tu sois un dieu. Or, qu'est-ce qui évoque mieux le destin du divin prodige que la crucifixion ?

Moins porté sur la parabole biblique, ton contemporain Glenn Gould compare les concerts à des corridas. À force de s'y adonner, ajoute-t-il, « *one gets old* ». Si, contrairement à lui, tu ne cherches jamais à te préserver, tu partages néanmoins son point de vue. À la longue, le concert finit par tuer son homme. « Comme je suis contre la peine de mort, diras-tu à la blague. Je m'exécute moi-même au piano… »

Est-ce qu'ils vont m'aimer ? Tu as treize ans. Les applaudissements continuent de résonner au-dessus de ta tête. *Bis, bis, bravo…* Même la nuit, tu les entends encore. *Encore.*

Puis, un jour, tu ressens une vive douleur au côté. Aucun agresseur en vue. Le coup semble venir de nulle part. À moins qu'il ne provienne de l'intérieur. Tu fermes les yeux. Aussitôt, tu plonges. Comme un navire atteint en plein flanc, tu gagnes le fond. Te voilà à mille lieues sous les mers, comme dans les récits de Jules Verne que tu aimes tant.

L'eau est purificatrice. Elle étouffe les cris, elle apaise les consciences. Elle fait taire les désirs qui vous hantent. Enfin le silence.

Dans cet état d'apesanteur, plus rien ne compte, ni ton père, ni les contrats, ni les honneurs, ni même ta mère ou le piano. Quand tu émergeras, tu te rendras compte qu'une torpille est venue se loger dans ton cœur. Étrange, te diras-tu, tu n'as rien senti. Ainsi fracturé, tu te laisses dériver tandis qu'au loin les gratte-ciel disparaissent derrière le couchant.

Adieu, New York. Adieu, ma carrière tracée d'avance. Adieu, mon bel avenir.

Tu as fini de poursuivre les chimères d'autrui. Quand tu rouvriras les yeux, tu te trouveras dans l'érablière derrière le chalet de ta grand-mère à Saint-Constant. C'est l'heure mauve. Sur la neige dorée, tu avises un treillis de branches tortueuses et sombres. Tout ça baigne dans le brouillard. Avec le reflet du couchant, on dirait un tableau symboliste, un univers enchanté.

La Beauté.

La Beauté est venue te rejoindre et elle ressemble à la mort. Aussitôt, des accords s'élèvent dans la nuit fraîche. Tu reconnais les violons de tes pères tandis que le piano s'enfuit dans les replis bouillonnants de la rivière. Tu le rattrapes. Les violons lui répondent immédiatement, suivis des cuivres dont les notes forment des gouttelettes sur le bleu noirci du ciel. Tu frémis. La Beauté. Tu as retrouvé ton rire.

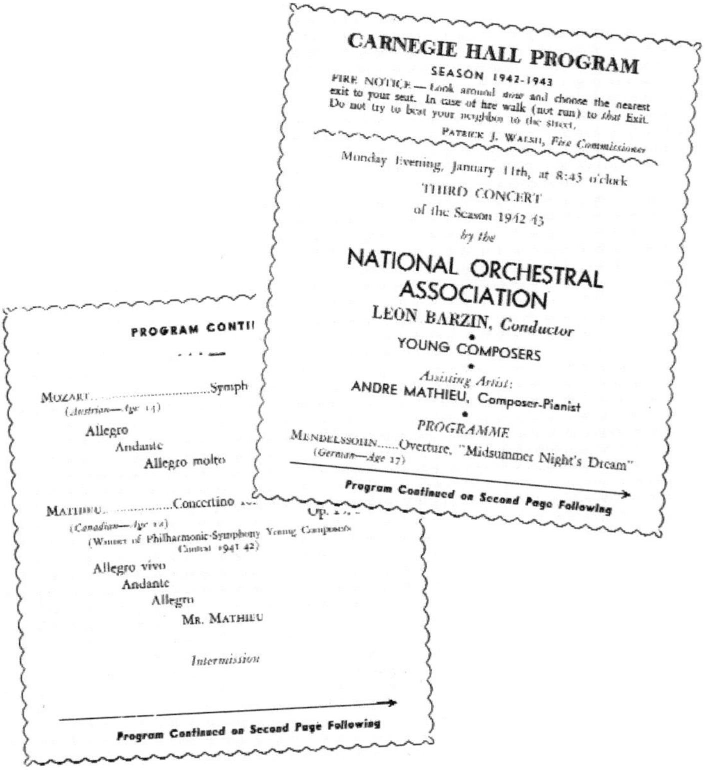

28 octobre

Coup de fil ce matin de sœur Anita : « Pouvez-vous passer ? J'ai une information à vous communiquer. » J'aurais préféré régler ça au téléphone, mais elle insiste. J'ose espérer qu'il s'agit du tableau.

Quand j'arrive à Pont-Viau, elle m'attend dans le jardin de son couvent en compagnie d'une dame à l'œil vif et au visage animé : Madeleine Senez, sa meilleure amie.

Sœur Anita me la présente comme une personne qui aurait des révélations à faire à ton sujet. Il ne s'agit pas de la toile de Léo, mais de ta naissance, des circonstances entourant ton arrivée en ce monde. Cependant, les deux femmes parlent si vite que j'ai du mal à les suivre. Quand l'une avance une explication, l'autre intervient. Au bout d'un moment, n'en pouvant plus, je les interromps :

– Excusez-moi, madame Senez, êtes-vous en train de me dire que votre frère a mis au monde André Mathieu ?

– Mon beau-frère, jeune homme.

– Je regrette, mais c'est impossible. André Mathieu a été tiré du sein de sa mère par son grand-père, le docteur J.A. Gagnon. Mme Rodolphe Mathieu elle-même en a témoigné au biographe d'André. C'est même cette anecdote qui ouvre le livre de Rudel-Tessier. (Je te l'ai dit, vieux ? Une biographie de toi a été publiée à l'occasion de la tenue des Jeux olympiques en 1976. Le titre : *Un génie*.)

– Jeune homme, je suis formelle : c'est mon beau-frère, le Dr Marcel Bernier, qui a assisté Mme Mathieu pour l'accouchement de ses deux enfants, André et Camille.

– Madeleine a une excellente mémoire, a ajouté sœur Anita. Elle pourrait vous décrire la robe qu'elle portait au thé dansant auquel nous avons participé en 1930 !

– En 1932, l'a corrigée Mme Senez. J'avais une robe verte que j'avais fabriquée moi-même.

Puis, se tournant vers moi :

– Cher Aimé, vous permettez que je vous appelle par votre petit nom ? Il serait surprenant que le Dr Gagnon ait accouché sa fille. Dans ce temps-là, les règles étaient très strictes. Un médecin n'accouchait ni sa femme ni sa fille.

Ainsi donc, vieille branche, si on se fie à ce témoignage, ta mère aurait arrangé les circonstances de ta naissance. Toujours selon cette hypothèse, il faudrait conclure qu'à ses yeux certains détails entourant tes origines n'auraient pas été dignes de figurer dans la légende. Comme tu sais, ta mère est l'inventeur de ta légende. Depuis le début, c'est elle qui dirige la mise en scène. Comme elle est croyante et fille de docteur, elle penche pour des récits édifiants.

Si un élément vient perturber son scénario tissé de miracles, elle procède à un embellissement.

Toi, tu n'es pas toujours d'accord. Mais tu sais tout ce que tu lui dois. Les risques qu'elle a pris pour toi. Les espoirs qu'elle a placés en toi. Pour ne pas la décevoir, tu la laisses dire. Quitte à ce que, par la suite, tu ne saches plus trop bien où tu en es.

Minou prend donc des libertés avec la vérité, comme le ferait un conteur ou un romancier. Pour elle, votre histoire est exemplaire. Étant donné son goût pour le mélodrame, elle mise sur l'émotion. À mon avis, c'est ce qui s'est passé avec ta naissance. Elle a glissé une image forte (le grand-père mettant au monde son petit-fils génie) là où il n'y avait peut-être qu'un environnement banal.

À moins qu'il n'existe une vérité inavouable. Un amour hors du mariage. Une grossesse qu'il faut cacher. Toi, un enfant illégitime ? On ne peut rien écarter.

Si tel était le cas, tu savais. Tu connaissais la part du mensonge dans le scénario officiel (par exemple, quand on fausse ton âge sur les affiches). Vous étiez complices. C'est ce qui rendait votre couple si uni, ta mère et toi, le couple le plus indissociable qui soit.

Néanmoins, tu es peu porté sur les accommodements diplomatiques. On a beau te répéter que toute vérité n'est pas bonne à dire, qu'il faut ménager ses alliés, flatter ses protecteurs, ne pas froisser les gens au pouvoir, donner bonne impression, se soucier du qu'en-dira-t-on. Tu te révèles incroyablement imprudent, en particulier quand tu t'adresses aux journalistes. Car, tout en étant le coauteur de ta légende, tu en es également le fossoyeur – à tout moment tu menaces de faire sombrer le bel édifice mis en place par Minou.

Quant à Rodolphe, il est au service du petit Mozart, lui aussi. Gardien fidèle de ta renommée, c'est lui qui répare les pots cassés. Ainsi, ton père passera un temps infini à poursuivre les journaux pour des rumeurs non fondées ou pour une déclaration mal interprétée.

Et le tableau, là-dedans ?

Désolé, vieux, mais c'est toujours la bouteille à l'encre. Néanmoins, il y a du nouveau. Deux jours après notre visite à l'atelier, Alizé m'a réveillé en pleine nuit. Elle avait vu le portrait en songe. Immense, avec des couleurs vibrantes, parsemé de petites touches éclatantes comme chez les Fauves. Le portrait se trouvait dans l'atelier de Léo, derrière les gars qui jouaient aux cartes.

– Les fantômes, t'es certaine ?

– Le tableau leur appartient.

Alizé pratique l'autohypnose, ce qui lui permet d'accéder à son subconscient. Elle utilise régulièrement cette méthode pour peindre et, cette fois, son rêve nous a rapprochés de toi.

– Autre chose : il y avait une inscription sur leurs uniformes, a-t-elle dit avant de se rendormir.

– Quels uniformes ?

– Les uniformes des joueurs de cartes.

– Ah, les spectres portent des uniformes à présent ?

– « D'Avignon », voilà ce qui était écrit.

– D'Avignon, comme le pont ?

– Brodé en bleu sur fond blanc.

2 novembre

À quatorze ans, tu tombes amoureux d'une comédienne. Une passion intransigeante, totale, absolue, dévorante. L'objet de ta flamme a les yeux gris, le front pâle, une voix grave et résonnante. Pour elle, tu donnerais ta vie, pour elle, tu sacrifierais ton génie. Mais cet amour n'est qu'une ombre, un semblant de bonheur, et déjà il te fuit. Ton premier véritable échec sera le fait d'une femme.

Tu as quatorze ans, elle en a vingt. Tu l'as aperçue sur une scène. Elle récitait du Victor Hugo ou du Alfred de Vigny, je ne sais trop. Comme tu la connais de vue, tu lui as adressé un petit sourire. Elle t'a répondu de la même manière. À ton grand étonnement, tu as rougi. Pourtant, des actrices, tu en as vu tant et plus à Paris, et de très célèbres. Mais durant les jours qui suivent, tu n'arrêtes pas de penser à elle. Une des rares femmes dans ta vie qui aura une carrière, une vie professionnelle, un destin personnel. La seule également capable de te donner la réplique sur le plan artistique.

Tu es mineur, et après ? Vous ne seriez pas le premier couple à déjouer les conventions. S'habillerait-elle en homme qu'elle n'en serait que plus belle. D'ailleurs, ça te plairait de jouer les Frédéric Chopin avec elle. Vous iriez cacher votre amour dans quelque île romantique. Le monde est contre vous, la société vous sépare ? Tant mieux, c'est dans l'adversité que le poète se révèle. Avec elle à tes côtés, tu écrirais tes plus belles aubades.

Tu rêves, tu rêves… Quand tu la croises de nouveau, tu lui déclares ton amour sans détour et, pour retenir son attention, tu lui mens sur ton âge. « J'ai dix-huit ans. » Le mythe de Faust à l'envers. La revanche de l'enfant prodige pour toutes les fois où on l'a rajeuni sur les affiches. Dix-huit ans ? Elle te croit plus ou moins. De toute façon, lui dis-tu, l'âge, c'est pour les autres. « Je suis né adulte. » Elle pose ses lèvres sur tes lèvres. Tu lui plais.

À la nuit tombante, vous vous retrouvez dans les sentiers ombragés du parc Lafontaine. Sous le couvert des grands érables, vous vous aimez, deux enfants unis au cosmos, pareils à des étoiles. Un jour, une nuit, quelqu'un vous surprend. Les parents s'affolent, menacent, interdisent. Rien n'y fait. Vous vous aimez toujours. On réunit les conseils de famille. Dans l'atmosphère surchauffée d'une cuisine, au son de l'horloge grand-père et du tintement des petites cuillères dans les tasses, on se concerte, on s'inquiète. Au bout de tant d'échanges polis, de « il faut que ça cesse » et autres propos sensés, la sentence tombe. La jeune femme sera envoyée dans un couvent où elle demeurera pour un temps indéterminé.

Tu es atterré. De son côté, la jeune comédienne, qui a fini par devenir une grande dame de la scène, n'a jamais confirmé publiquement votre liaison. On raconte cependant qu'aujourd'hui encore, en entendant ton nom, elle frémit. Un soir, je lui ai téléphoné. Elle a nié. « Je l'ai très peu connu, vous savez. » Pourtant, tu lui as consacré une composition au piano sur un poème de Pierre Louÿs, *Pénombre*. « Ah… je n'étais pas au courant. » Mystère des femmes fatales. Sait-on jamais quand elles sont sincères ?

Amour. Révolte. Désespoir. Petit à petit, ta statue se fissure. Tu deviens homme, pas seulement à travers l'inévitable bouillonnement des hormones, mais également dans le sens de la genèse. Tu t'incarnes désormais dans la douleur et dans le doute. Chassé du paradis, tu rejoins le monde des mortels. C'est la fin d'une chimère. Tu te mets à trembler.

Pour te consoler, tes parents t'ont procuré un chien. Un pékinois roux avec une sale tête qui répond au nom de Do-mi. Ah, les adultes, tellement oublieux des vérités essentielles, tellement soucieux des conventions. Tu en veux à Wilhelmine, que tu appelles par son nom de sorcière, ta possessive, ta cruelle mère. Avec ses grands airs, elle a préféré te laisser mourir plutôt que de te voir partir avec une autre. En plus, elle se complaît dans cette histoire qu'elle raconte un peu partout comme s'il s'agissait d'un quelconque feuilleton à la radio. Selon elle, tu as vécu un amour impossible et, fatalement, il a fallu vous séparer. Fatalement, vraiment ? Chose certaine, tu es malheureux. On ne compte plus les témoignages qui te décrivent à cette époque comme un arbre abattu, les branches et l'esprit défaits.

Il faut voir la photo qui sera publiée sur la couverture de *Radio-Monde*, le journal à potins, où tu poses vêtu d'un impeccable veston de tweed, la cravate bien nouée autour du col de ta chemise, le visage ravagé par le chagrin en serrant le chien Do-mi contre ta poitrine. Cette bête un peu ridicule que tu tiens dans tes mains immenses, on dirait ton cœur. C'est ridicule, un cœur qui souffre. Ridicule, et pathétique. En même temps, c'est tragique. En te voyant ainsi, on ne peut s'empêcher de penser : il se meurt.

Ta mère sent-elle qu'elle est allée trop loin ? Au milieu de ses visions de cartomancienne, de ses bijoux et de ses cartons à chapeaux, les doigts noués sur son chapelet, elle prie. Au téléphone avec ta tante Manille, tout à l'heure, elle a échangé des propos angoissés. Jusqu'à ce qu'elle entende tes pas dans l'escalier, elle ne peut fermer l'œil. Il est sept heures. Dieu sait où tu as passé la nuit.

Rodolphe, de son côté, mise sur l'autorité que lui confèrent les textes de loi. Il a déjà essayé le chantage, la manipulation – il a même achevé son propre quintette pour te faire la leçon, sa première composition en quinze ans. Il te lance maintenant des ultimatums : « Tu dois venir manger à la maison tous les soirs. Si tu désobéis à mes ordres, je prendrai les moyens. »

Tu envoies promener le bonhomme. Il peut bien te seriner sur la discipline et la rigueur. C'est terminé le temps où tu mangeais dans sa main. Tu t'arranges pour avoir ton propre argent de poche ; n'as-tu pas composé un chant patriotique pour le congrès d'ouverture du Bloc populaire ? Tu as plein de nouveaux amis, et dans tous les milieux. En plus des nationalistes qui te comptent parmi les leurs, la bohème montréalaise te fait bon accueil, toi la victime d'un ordre vieilli, d'une société pervertie. L'ironie dans tout cela, c'est que tu continues à défendre cet ordre-là, notamment avec ton appui à Duplessis.

Tu as commencé à boire. Jusqu'à l'ivresse, jusqu'au dérèglement. Tu ne te contentes pas de t'étourdir en cachette, dans le secret des alcôves. Non, tu t'enivres en public, ce qui constitue un pied de nez aux bien-pensants, aux prétentieux, aux saintes nitouches qui te font parader dans de beaux habits. Ah, pour ça, tu parades bien, jamais un cheveu de travers, jamais un pli, jamais une tache sur ta chemise. C'est derrière la cravate que ça se passe. C'est là que tu as commencé ton entreprise de sape. Et que détruis-tu à travers le misérable spectacle de ta déchéance ? Tu démolis ta légende, la fable mise au point par ta mère et acclamée par la société entière, la légende du bon garçon, la saga du sauveur de la patrie.

Tu as bien choisi ton messager. Au Canada français, « la boisson », c'est le diable, la menace qui pèse sur notre survivance, le poison qui va nous éradiquer de la surface de la terre. On n'a qu'à se référer aux campagnes de tempérance, celles des cercles Lacordaire, par exemple, qui proclament leur intention de « redonner à nos familles et à notre peuple l'honneur, la santé et le bonheur que l'alcool voulait nous faire oublier ». Aucun héros dans ce pays ne peut prétendre à l'amour du peuple s'il abuse de la bouteille. Imagine-t-on Maurice Richard titubant jusqu'au banc, jusqu'au but ?

On prétend que tu as suivi des cures de désintoxication, qu'à plusieurs reprises tu as cessé de boire. Je veux bien le croire. Ce qui frappe davantage, cependant, c'est ton absence de remords pour tes débordements éthyliques. Jusqu'à la fin, tu vas t'imbiber sans t'excuser. Ou si peu. À mon sens, c'est précisément ton absence de remords qu'on ne t'a pas pardonnée. Un pécheur doit confesser ses péchés, faire pénitence et promettre de ne plus recommencer. Toi, au contraire, tu persistes et tu signes. Et lorsque, quatre mois avant ta mort, le 2 février 1968, la journaliste Andréanne Lafond soulève le problème de ton alcoolisme sur les ondes de la radio de Radio-Canada, tu lui réponds simplement : « Je ne bois pas plus que Jacques Normand. » Pourtant, « à l'aube d'une nouvelle carrière », tu pourrais invoquer ton dur-combat-contre-l'alccol, parler de tes rémissions, de tes rechutes, les gens auraient adoré – d'ailleurs, c'est ce que tous veulent entendre. Pas du tout. Avec ta franchise coutumière qui décourage tant tes défenseurs, tu dis : je ne bois pas plus que votre ami le fantaisiste à qui on ne reproche jamais ses excès, alors que moi…

Mais revenons à tes quinze ans. Certains ont vu dans ton comportement les signes avant-coureurs de la psychose maniacodépressive, une maladie peu connue à l'époque. Ce qui expliquerait ton recours désespéré à l'alcool et aussi l'alternance de tes humeurs. Mais la dépression ne semble pas avoir entamé tes facultés créatrices. Comme si c'était ton corps que tu t'acharnais à détruire, ton esprit produit encore. Car, malgré le mal de vivre, tu continues à composer.

Hormis le *Concerto de Québec*, tu as sur le métier nombre d'œuvres importantes, dont ton quintette, une sonate pour violon et piano, une pièce qui s'intitule *Laurentienne*, une bagatelle, trois rhapsodies sur les saisons canadiennes, une valse. Tu écris également des musiques d'ambiance pour des émissions radiophoniques, des ritournelles pour des spectacles jeunesse et même une chanson pour célébrer la victoire des Alliés. Moins présent dans les salles de concert qu'autrefois, tu improvises régulièrement pour des amis, dans les fêtes, dans les bars. Tu entreprends aussi des tournées qui te mènent à Sudbury, à Sorel, à Matane. Tu dors peu, tu fréquentes un tas de gens, c'est à croire que tu ne supportes pas d'être seul.

Cette hyperactivité n'amoindrit pas ta peine. Le printemps de tes quinze ans est le plus long de ton existence. Pour la première fois, la musique te fait mal, la musique te déchire. Tu veux couper le son, fermer les yeux, faire taire tes mains, rejoindre l'absence. Derrière tes paupières closes, tu aperçois une étendue d'eau claire sur laquelle flottent quelques nuages. L'eau agit sur toi comme un baume, comme un filtre. Elle te libère. Comme c'est facile de pénétrer dans le calme de ses ondes claires. Il suffit de mettre des pierres dans ses poches et de se laisser aller. À mesure qu'elle pénétrera dans tes poumons, l'eau anesthésiera ton corps, engourdira ta souffrance. Tu t'y vois déjà. C'est froid. C'est chaud. Le silence, enfin. Adieu, ma mère. Tu retrouves ton rire. Tu expires. Un jour, tu reviendras.

Mais la vie te rattrape chaque matin, au réveil. Tu voudrais l'oubli, tu croules sous le poids de la mémoire. Tu recherches une passion glorieuse, tu n'as droit qu'à un mélodrame, à une histoire triste qui nous est parvenue par l'entremise du journal sous les traits d'un fait divers.

Le 17 juin 1944, à cinq heures de l'après-midi, tu te noies. En plein milieu du lac des Deux-Montagnes, tu t'enfonces dans le néant de la grande nappe d'eau douce. L'après-midi s'épuise, la chaleur est étouffante, la journée interminable. Un ami se porte à ton secours, il mettra près de trois heures à te sortir de là.

D'après la version officielle, il s'agit d'un accident. Avec André Audet, auteur de la série radiophonique très populaire *Madeleine et Pierre*, tu étais parti en voilier sur le lac des Deux-Montagnes depuis la plage d'Oka. À un moment donné, tu décides de plonger pour te rafraîchir. Une vague t'emporte. Audet plonge à son tour pour te secourir. Le bateau part à la dérive avec le troisième passager. À bout de souffle (tu as bu), tu es irrémédiablement attiré par le fond. À un moment donné, tu te sens partir, tu te sens faiblir. Luttant contre la houle, ton sauveteur t'enjoint de t'accrocher, de survivre. Il sera presque huit heures quand vous atteindrez la rive de l'île Cadieux où Audet, un champion nageur, te traînera péniblement. Exténué, sur les roches, tu pleureras.

Étant donné la dépression dont tu souffres, on peut supposer que tu as attenté à tes jours, à Oka, durant cet après-midi, à une semaine du solstice d'été. Et que tu as lamentablement échoué. L'incident demeure symptomatique de l'interdiction qui t'est faite de te supprimer, André Audet n'étant ici que le premier des nombreux « sauveteurs » qui arriveront à ta rescousse pour t'empêcher de sombrer, pour t'empêcher de mourir. Car tu n'as pas le choix de ta mort, comme tu n'as pas le choix de ta vie. Peu importent les circonstances ou l'acharnement que tu y mettras, il se trouvera toujours quelqu'un pour arrêter ton bras, pour faire en sorte que ton martyre se poursuive afin que tu continues de souffrir.

Car une « gloire nationale », ça n'a pas le droit de se tuer, n'est-ce pas ? Aussi, avec tes amis, il a été décidé d'« observer un silence prudent » sur cette aventure. Mais des gens vous ont aperçus sur le lac et « la nouvelle se répandit peu à peu » que tu avais couru un grave danger. C'est pourquoi, avant que les soupçons se précisent sur la nature de ce « grave danger », on a décidé de prendre les devants et de donner une version acceptable des événements.

J'entends d'ici les objections de ma directrice de mémoire. « Les faits, Aimé, les faits. » Mais je veux davantage que des faits, vieux. Je veux te comprendre. À tout le moins m'en approcher.

Je suis persuadé que le récit de ton accident est une pure invention destinée à sauver les apparences. Une opération de marketing à laquelle tu sembles te prêter sans enthousiasme si on en juge par la photo publiée à la une de *La Presse* qui te montre prostré en face d'André Audet qui, « tel un géant sûr de sa force », ne peut que se féliciter de la tournure des événements.

C'est d'ailleurs à lui, le héros, qu'on demande de raconter. Toi, tu te contentes de quelques remarques un peu convenues. Ainsi, tu déclares : « Sans Audet, j'étais fini. » De fait, cet épisode est assez révélateur de la manière dont on a usurpé ta vie.

Ce ne sont pas de mauvaises intentions. On croit tellement en toi. Mais il y a, derrière cette sollicitude, un manque cruel. Un manque d'amour tout simplement. Car ceux qui s'acharnent sur ton corps ne veulent pas sauver l'homme André Mathieu, ils tentent de sauver le pays à travers toi.

Cette confusion ne cesse de t'atterrer, de te tuer.

7 novembre

Tout à l'heure, Alizé et moi sommes retournés à l'atelier de la rue Saint-Christophe. Il commençait à faire nuit. À notre arrivée, nous avons constaté qu'il n'y avait personne, seulement un reste de braises fumantes dans la cheminée. Alizé a fait le tour en quête d'un signe… tandis que je surveillais la porte. Elle demeure persuadée que le tableau se trouve à proximité. Qu'il nous observe de loin comme une icône. Alizé croit au pouvoir des images. Elle croit au pouvoir des rêves.

Ne trouvant aucun indice dans la grande pièce, nous avons décidé d'examiner la mezzanine, où toutes sortes d'objets sont entassés. Nous en étions là lorsque le propriétaire des lieux a surgi derrière nous. Heureusement, c'est un type sympathique, pas agressif pour deux sous, un professeur de dessin dans une école privée. Après nous être excusés, nous lui avons exposé la raison de notre présence chez lui.

Il se souvient de Léo. Depuis qu'il a acquis la propriété au début de la décennie (en fait, l'atelier n'occupe que la partie arrière d'une résidence bourgeoise de la rue Saint-Hubert), il lui est arrivé de tomber sur des tableaux ou des toiles oubliés. À deux reprises, il s'est rendu rue du parc Lafontaine pour remettre à Léo son bien. Artiste lui-même, il ne se serait jamais permis de négliger le travail d'un collègue même si le style d'Ayotte reste fort éloigné du sien.

Il s'est montré surpris lorsque nous lui avons mentionné les hommes en blanc entrevus par Alizé la semaine dernière. À sa connaissance, personne n'avait séjourné chez lui. Alizé a ajouté qu'elle avait remarqué le mot « D'Avignon » sur leurs uniformes. Sans doute le nom de leur bateau, a dit notre hôte.

– Il y a parfois des matelots français qui fréquentent les bars alentour.

– Mais ils étaient silencieux comme s'ils ne parlaient pas notre langue.

– Curieux. Remarquez, je ne ferme jamais à clé. Ils ont pu passer une heure ou une journée ici sans que je m'en aperçoive. La maison est grande et je vis principalement du côté de la rue Saint-Hubert. Mon fils, qui me visite les fins de semaine, joue dans la ruelle. Sinon, je viens très peu ici.

– Ce sont donc des étrangers qui se seraient emparés du tableau ?

– Mais, mademoiselle, puisque je vous répète que je n'ai jamais vu le tableau dont vous parlez.

– Se pourrait-il, ai-je hasardé, que la toile était cachée quelque part et que ces intrus l'aient découverte par hasard ?

– C'est vrai que Monsieur Ayotte a laissé toutes sortes de souvenirs, a répliqué le professeur de dessin. Après cinq ans, je n'ai pas fini d'inventorier les lieux.

– Alors, voilà ! a fait Alizé. Les hommes en blanc sont repartis avec le portrait d'André.

– Je ne veux pas vous faire de la peine, mademoiselle, mais les œuvres de votre maître ne valent pas des fortunes.

– Ce n'est pas pour l'argent qu'ils l'auraient emporté, ai-je objecté.

– Ah ?

À ce moment, j'ai regardé Alizé. Je savais qu'on pensait la même chose. Je l'ai laissée enchaîner.

– Ils s'en sont épris.

– Qu'est-ce que vous voulez dire ?

– Ils sont tombés amoureux du portrait.

– Ah, tout est possible. Quand un tableau est réussi. Qui figurait sur le tableau ?

– André Mathieu, à dix-sept ans. Il était très beau.

– Eh bien, peut-être. Mais je tiens à vous signaler une chose. À ce temps-ci de l'année, la Voie maritime est gelée, il n'y a pas beaucoup de marins dans le coin.

– C'étaient peut-être des gens qui revenaient d'un bal costumé ?

– Ou bien des revenants, ai-je ajouté.

– Ah, ça, on pourrait en discuter toute la soirée.

Puis, il nous a invités à sortir et a éteint la lumière derrière lui.

8 novembre

Avec la fin de la guerre, les choses ont commencé à changer pour toi. À Montréal, ton public ne te suit plus.

Est-ce qu'ils vont m'aimer ?

À ton dernier récital à l'hôtel Windsor, il n'est venu à peu près personne. Le correspondant du *Montreal Herald* en est resté comme deux ronds de flan. Comment expliquer cette « *pitifully small audience* » ? demande-t-il dans son compte rendu. « Après tout, l'artiste joue dans sa ville natale, un facteur qui généralement – du moins ailleurs –, suscite la fierté. » (Signalons que, dans les médias francophones, on commente le concert, mais sans mentionner cette défection du public.)

Le 18 novembre 1945, ton programme était pourtant consistant, entièrement composé de tes œuvres, dont quatre nouvelles pièces. Certaines, comme les *Saisons canadiennes*, ont même frappé les observateurs par leur style léger, « à l'américaine », leur « côté populaire » aussi. Quant à la *Sonate pour violon et piano*, que tu interprètes avec ton ami Gilles

Lefebvre, il s'agit, selon la critique, d'une pièce « admirablement construite et rafraîchissante à entendre ».

« Monsieur Mathieu est un artiste complètement musical, écrit Thomas Archer dans *The Gazette*, ce que nous pouvons observer non seulement dans ses compositions, mais également en le regardant jouer. Il est un pianiste naturel [...] et possède un sens très aigu de la beauté musicale. »

Alors, qu'est-ce qui cloche ?

Je risque une explication. Avec les années, tu es devenu un artiste complet, avec ce que cela suppose de singularité et d'originalité. Or, cette évolution gêne la coterie clérico-bourgeoise qui t'a mis au monde. Tant que tu restais l'enfant prodige, ces messieurs dames de la bonne société pouvaient dormir sur leurs deux oreilles. Tu étais leur petit Mozart canadien-français, leur gloire nationale, leur petit chien savant. Mais à présent que tu t'agites dans ta cage, ils ont l'impression que tu leur échappes. Ton caractère ébouriffé leur fait peur. On ne te reconnaît plus.

Musicalement, tu as atteint une maturité qui ne peut que te servir. Alors qu'auparavant tes acrobaties éblouissaient parce qu'elles révélaient des dispositions inhabituelles pour ton âge, tu t'affirmes de plus en plus comme un artiste novateur.

C'est ce qu'affirme en toutes lettres le critique du *Montreal Star* : « La musique d'André Mathieu est tellement nouvelle qu'il doit être considéré comme un compositeur de l'avenir plutôt que du temps présent. » *Un compositeur de l'avenir,* tu entends ?

Te voilà assis entre deux chaises. Négligé par ton public traditionnel, mais en passe de devenir le héros de la génération montante.

Car si les bourgeois te battent froid, une certaine jeunesse s'entiche de toi. Appelons-la la bohème cultivée de Montréal. Composé de poètes, de comédiens, de peintres, d'artisans de la radio et de sculpteurs, ce groupe informel se réunit dans les cafés, les bars et les ateliers autour de l'École des beaux-arts. Avec sa verve et sa générosité, Léo, qui fut concierge à l'École avant de devenir peintre, est un des piliers du groupe.

Munis d'un certain courage, tes amis ont choisi la liberté. Ils en ont assez de l'esprit étriqué qui règne dans la province de Québec. Contre Dieu, pour l'amour, contre la société, ils crachent sur une éducation qui les a entraînés à sombrer dans la peur et la médiocrité. Ton mal de vivre, ils le comprennent. Ton ras-le-bol vis-à-vis de l'autorité, ils le soutiennent. Comme toi, ils sont révoltés face à un système qui interdit et qui juge, un système qui assassine ses enfants.

Ils ne font pas que te comprendre. Ils te vénèrent. On n'a qu'à voir comment Léo Ayotte t'a représenté dans ce fameux tableau que je cherche aux quatre coins de la ville. Le mentor d'Alizé t'a peint en conquérant. Il t'a immortalisé en héros. Son portrait traduit la confiance et l'admiration que te porte la génération montante. Comme l'écrira ton chum Serge Deyglun dans un poème qui t'est consacré, tes amis attendent « à genoux » tes harmonies. Ils sont persuadés que tu es à la veille d'accoucher de créations musicales qui éblouiront le monde. Ils te donnent généreusement du « cher maître », ils t'ont élu comme guide.

Comme la société québécoise s'entête dans sa léthargie, il faut trouver des appuis ailleurs. Là-dessus, on compte sur la France, qu'on espère intacte après la guerre. D'ailleurs, plusieurs de vos amis sont français. C'est le cas de Charles Trenet, qui passe plusieurs mois par année à Montréal, mais aussi de Deyglun, dont la famille est française. Quant à toi, tu t'apprêtes à regagner l'Hexagone où, espères-tu, tu renoueras avec tes succès d'autrefois. Pour la première fois, tu voyageras sans tes parents. À dix-sept ans. Avec ton propre passeport en plus. Libre.

Si on exclut tes amours malheureuses, les choses ne semblent pas trop mal engagées. Quelques semaines avant ton départ pour Paris, ton troisième *Concerto* a été choisi pour servir de trame musicale à un film qui met en vedette Paul Dupuis et Nicole Germain. Québec Productions, qui pilote le tournage de *La Forteresse*, t'a acheté les droits de ta composition. Il est vrai qu'on a confié à un autre pianiste-compositeur l'interprétation du *Concerto de Québec*. Néanmoins, ce long métrage destiné à une large diffusion laisse présager d'excellentes retombées. En plus, Charles Trenet a l'intention d'écrire une chanson à partir du thème de ton *Concerto*.

Tu es très beau à cette époque. Et si les bien-pensants négligent d'aller t'entendre, les jeunes ouvrières découpent ta photo dans *La Patrie*. D'ailleurs, Alizé conserve dans ses cartons un instantané où l'on t'aperçoit avec Léo, Deyglun et Trenet dans l'atelier de la rue Saint-Christophe.

Assis côte à côte, Trenet et toi formez un drôle de couple sur cette photo. Lui, très blond, affiche une humeur dégagée, primesautière, enjouée. Toi, à l'opposé, avec ton front immense, tes paupières lourdes et ta chevelure sombre, tu as l'air dégoûté.

Néanmoins, Trenet est un ami. Sans doute t'a-t-il donné des conseils, des adresses dont tu pourrais avoir besoin au cours de ton séjour. Car c'est le cœur gonflé d'espoir que tu t'embarques sur le paquebot *Columbia*, à la fin de septembre 1946. Boursier du gouvernement français, tu résideras à la Maison des étudiants canadiens de la Cité universitaire internationale, où se trouvent déjà plusieurs compatriotes au talent prometteur (il y a là le jeune scientifique Adrien Pouliot et le futur premier ministre Pierre Elliott Trudeau). À l'École nationale de musique, tes professeurs Jules Gentil et Arthur Honegger t'attendent pour te faire travailler. Tu as aussi prévu de prendre des cours de philosophie à la Sorbonne.

Ah, revoir Paris ! Le seul fait d'y penser, tes yeux se remplissent de larmes.

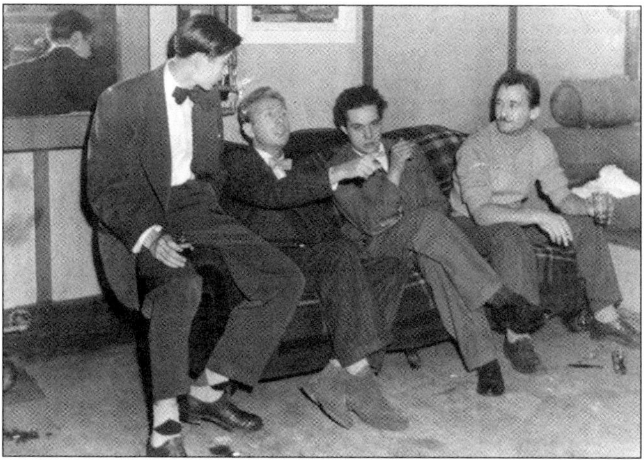

Troisième partie

VAINCU, VERS LE CIEL NOIR

25 novembre 1979

Une fois de plus, tu vas te perfectionner auprès des ténors de la musique française. Excuse-moi, vieux chum, mais qu'as-tu encore à apprendre ? Ça fait douze ans que tu te produis de part et d'autre de l'Atlantique. Tu as étudié la composition à Paris, l'interprétation à New York, la direction d'orchestre à Montréal. Tu as remporté un concours de composition aux États-Unis, où l'on est prêt à dérouler le tapis rouge pour toi. Ta musique a été retenue pour servir de trame musicale à un film. C'est d'ailleurs une de tes forces, plusieurs te l'ont confirmé : tes mélodies possèdent une puissance évocatrice extraordinaire, elles traduisent des ambiances, des émotions qui conviennent parfaitement au grand écran. Si tu voulais, tu pourrais conquérir Hollywood en deux coups de cuillère à pot.

Au lieu de quoi tu soumets humblement ton travail à Arthur Honegger, l'auteur de *Jeanne d'Arc au bûcher*, le membre du groupe des Six, l'ami de Paul Valéry et de Paul Claudel. Tu te présentes place de Clichy dans son appartement encombré, tu lui joues le concerto pour violon et piano que tu as sur le métier. Il t'écoute pensivement en prenant des notes. Puis il dépose son crayon, allume sa pipe et prononce sa sentence : il faut tout recommencer.

Honegger, c'est un géant de la création musicale. Ses jugements sont sévères – il reprochera bientôt à Yves Nat d'avoir plagié Stravinski, une accusation qui nuira considérablement à la carrière de ton ancien professeur (aujourd'hui réhabilité). Mais tu ne t'écrases pas. Tu défends ton œuvre. En sortant de chez lui, tu lances même à Gilles Lefebvre (qui t'a accompagné chez le grand homme) : « Je ne changerai pas une note de ce que j'ai écrit. »

Tu as sauvé la face, mais en réalité tu es anéanti. Honegger, c'est un dieu pour toi. En plus, c'est un ami de ton père. Or, Rodolphe, comme tu le rappelleras plus tard, avait une « très haute idée de la musique ». De ton côté, petit Mozart devenu grand, tu n'as pas le choix, il faut que tu te maintiennes dans ces hauteurs-là, sinon tu aurais l'impression de déchoir.

À cette époque, il régnait dans le monde de la musique un esprit de caste qui empêchait les créateurs de circuler librement d'un style, d'une école, d'un univers à l'autre. Un mur que seuls les plus hardis se risquaient à franchir. Né « classique », tu bénéficies des privilèges de ta caste. Il n'est pas question que tu ailles ailleurs, et surtout pas dans les arrière-cours de la musique commerciale. Alors, tu te gardes bien de raconter à tes parents ce qui vient de se passer dans le salon à musique de la place de Clichy. Tu seras à la hauteur, tu l'as promis.

Tu reverras très peu Honegger, qui sera terrassé cette année-là par un grave accident cardiaque (il s'en remettra). Si l'on se fie aux entrevues que tu as accordées, ton admiration pour lui reste intacte. Cette déférence est une épine de plus à ton pied. Car les mentors, à un moment donné, il faut s'en débarrasser.

Prenons l'exemple du peintre Jean-Paul Riopelle. Cet hiver-là, à Paris, le Montréalais s'est présenté chez André Breton, au 42 de la rue Fontaine, à deux pas de chez Honegger. Le pape du surréalisme est aussi beau et imposant que ton compositeur. Aussi, Riopelle écoute respectueusement le maître exposer ses vues sur la peinture. Cependant, il n'apprécie pas toute cette pensée théoricienne, des réserves qu'il exprimera dès le lendemain dans une lettre adressée à son professeur de l'École du meuble, le peintre Paul-Émile Borduas. Les questions soulevées par Breton, écrira-t-il, « sont sûrement très intéressantes mais ne m'intéressent pas personnellement ». Hop, exit le mentor. Car Riopelle peut très bien aimer la France, il ne s'agenouille jamais devant elle. Aussi, quand, par la suite, Breton lèvera le nez sur les toiles de Riopelle, celui-ci ne s'en formalisera pas. Il continuera son chemin.

Cette indépendance te fait défaut. Mais ta marge de manœuvre est beaucoup plus réduite que celle du peintre des mosaïques dont personne ne se soucie des performances en dehors du noyau automatiste. Toi, on t'a à l'œil. Comme l'écrit Gilles Lefebvre à ses parents durant cet automne 1946 : « André deviendra peut-être le *père* de la vraie musique canadienne [...] il faut qu'il donne une musique au Canada. »

Bref, on s'attend à ce qu'à partir de rien tu dotes la nation d'une culture vigoureuse : on exige que tu accouches, à dix-sept ans, d'un pays ! Rien de moins. La pression est si forte que tes mains se figent ; il te faudra quelques mois avant de te remettre à remplir les portées de ton papier à musique. Des rumeurs, d'ailleurs, commencent à circuler à Montréal sur ton indiscipline et ton comportement erratique à Paris. Un frisson d'horreur s'empare alors des beaux quartiers : et si tu t'avisais de nous faire honte auprès des Français ?

À l'opposé, les jeunes rebelles de Montréal persistent à t'accorder leur appui. Ils comptent sur toi, ne serait-ce que pour leur rapporter des nouvelles du monde libre. Car ici, t'écrivent-ils, c'est pire que tout. Le petit comptoir de livres où travaille votre ami Henri Tranquille a dû fermer ses portes, faute de fonds.

Anticlérical et fou de littérature, Tranquille s'insurge contre la censure en vigueur dans la province de Québec. Dans la nouvelle librairie qui portera bientôt son nom, il organisera des accrochages, des happenings, des lancements extraordinaires, des beuveries, des folies. C'est un ami. Tu lui rapporteras plusieurs livres de Paris, dont une très belle édition de *Madame Bovary*.

D'ici là, tu prends le pouls d'une ville, d'un pays et d'un continent qui ont cruellement souffert de la guerre. En Belgique, la reine, qui est musicienne et grande amie des artistes, désire ardemment se procurer un enregistrement de ton *Concerto de Québec* ; malheureusement, tu n'en possèdes aucun et tu ne peux donc accéder à ses vœux. En Allemagne, tu assistes à une très émouvante représentation de *Tristan et Isolde*, de Richard Wagner, dans un amphithéâtre dont le toit est à moitié arraché par les bombes. En Normandie, tu déambules dans des villes aux trois quarts détruites. Partout, tu n'observes que détresse et désolation. Les Parisiens sont affamés.

En 1946, dans la capitale française, il y a aussi des procès et des règlements de comptes. Pour faire contrepoids à cet esprit morose, du côté de Saint-Germain-des-Prés, toute une génération s'éveille au jazz. Dans les boîtes, les jeunes existentialistes boivent du martini et dansent le jitterbug. Cette situation te désole. Plus précisément, tu déplores « l'influence regrettable de la musique américaine sur la musique française ».

Pour toi qui as connu le pays de Berlioz avant la guerre, la situation est déprimante. « Je suis vraiment déçu de Paris, écris-tu à Violaine, la femme d'Henri Tranquille. Voyez-vous, je réalise que ce qui reste de Paris, ce sont les monuments, les rues et les bistrots. Mais les gens qui circulent dans les rues, qui fréquentent les bistrots ne sont plus du tout les mêmes. Ils subissent fortement l'influence américaine. Tout dernièrement, je suis allé boire du pinard chez Dupont, un restaurant situé non loin de la Sorbonne. Eh bien, les étudiants que j'ai vus mâchaient du chewing-gum [...] les jeunes filles avaient des tenues débraillées. Vous admettrez que tout cela est décevant pour un Canadien qui croyait trouver dans Paris le paradis terrestre intellectuel qu'il n'avait pas au Canada. »

À ce qu'on sache, à part le vicomte de Maublanc et sa femme Gladys qui occupent toujours la villa

Midori, tu n'as retrouvé aucun de tes amis d'autrefois. Plusieurs sont morts. C'est le cas de ta protectrice Jeanne Homberg ainsi que de la mère de Paul-Louis Weiller qui a péri à Auschwitz, victime de l'Holocauste, comme six millions de Juifs européens. Non, le paradis intellectuel n'existe plus. Peut-être n'a-t-il jamais existé.

Un an auparavant, le monde découvrait avec stupeur l'horreur des camps d'extermination nazis. De six ans ton aîné, René Lévesque, alors correspondant de guerre, avait été témoin de la libération de Dachau. Bouleversé, Lévesque avait livré ses impressions en direct aux auditeurs de Radio-Canada. « Ce qu'on découvrait, dira-t-il plus tard, c'était l'antisémitisme, mais surtout jusqu'où peut aller la chute dans la barbarie. C'était une leçon terrible pour la civilisation [...] Si les braves gens qui ont pensé à l'époque en voyant les premières photos qu'il s'agissait de propagande ou de germanophobie avaient été avec nous, ils auraient compris. »

Ferais-tu partie de ces « braves gens » qui ignorent encore l'étendue de l'horreur nazie ? Rappelons qu'en 1950 tu seras parmi ceux qui réclameront le droit d'asile au Canada pour le comte Jacques de Bernonville, condamné à mort en France pour crime de guerre et collaboration avec l'ennemi.

Il est vrai que tu ne seras pas le seul : Camillien Houde, le maire de Montréal, l'historien Robert Rumilly et Mgr Maurice Roy, archevêque de Québec, se déclarent tous en faveur du droit d'asile pour le fasciste français. En outre, la lettre du 31 mars 1950 adressée à l'honorable Walter Harris, ministre de l'Immigration à Ottawa, et que tu signes en tant que président des Jeunesses patriotes du Canada français veut surtout dénoncer une stratégie basée sur une immigration « raciste » qui favorise les anglophones au détriment des francophones au Canada. Là-dessus, on est d'accord : le Québec devrait avoir la pleine compétence en ce qui concerne son immigration, sinon il ne fera plus le poids dans la fédération canadienne. Néanmoins, tu dois admettre que le cas était mal choisi, car Jacques de Bernonville était bel et bien un collaborateur et un nazi (il a prêté serment à Hitler en 1943). En dépit des pressions, le Canada ne voudra pas l'accueillir. Et cette affaire se retournera contre les nationalistes.

Tu as eu dix-huit ans le 18 février. Mais c'est un leurre. Car tu es vieux, André, vieux d'une histoire qui ne t'appartient même pas. Le vichysme, la collaboration, les réflexes antidémocratiques d'une France déboussolée : c'est tout ce passé qui t'alourdit, qui t'engloutit.

Car ce Bernonville qui communie tous les matins, défendu par les curés et protégé de Franco, renvoie à un monde ancien, dépassé, fini. Et toi, tu tombes dans le panneau. Au nom de la survie collective, tu fais le jeu des forces réactionnaires (le grand protecteur de Bernonville au Québec est un dénommé Alfred Plourde, député de l'Union nationale). Alors que tu devrais te consacrer entièrement à ta musique, tu te laisses happer par un vent contraire. Toi le musicien de l'avenir, tu fuis ta destinée. Assassiné massivement à coups redoublés du passé.

À la Maison des étudiants canadiens, il n'y a pas de chauffage convenable dans ta petite chambre. Isolé, fumant sans arrêt, buvant beaucoup, tu t'étioles.

Tous les matins ou presque, tête nue et vêtu de ton long manteau, tu traverses Paris pour te rendre jusqu'à l'École de musique. L'atmosphère au conservatoire, rapporteras-tu à tes proches, t'est « insupportable ».

Avec toi à Paris, durant cette année 1946, le ténor Marcel Turgeon se prend pour ton grand frère. Désolé de te voir si mal en point, il t'assène quelques conseils : « Prends soin de toi. Cesse de boire. Arrête de penser à elle. De toute façon, ça ne sert à rien. »

Je l'ai rencontré dans sa maison, en Beauce. Collectionneur, il vit dans un décor antique, entouré de tableaux et de souvenirs, au milieu d'un capharnaüm où sont entassés des milliers de livres, des milliers de disques, de même que des animaux en peluche. Élégant, il semble tout droit sorti d'un roman de Balzac. Il m'a chanté *a cappella* des mélodies que tu avais composées pour lui, des musiques dont il ne reste plus aucune trace, sinon dans sa périssable mémoire.

Il a évoqué vos tournées dans la province française. Les salons bourgeois où vous recevaient des femmes alanguies, souvent très belles, leurs visages de madone penchés sous les abat-jour. Durant ces séances intimistes, tu mettais la même énergie au clavier que si tu te trouvais devant une salle de cinq cents personnes. Turgeon te le reprochait: « André, tu joues trop fort. Cesse ton vacarme, tu m'enterres. » Il revoit les sourires de la duchesse de La Rochefoucauld et de la soliste Marguerite Long. La grande pianiste qui a créé le *Concerto pour piano en sol majeur* de Ravel t'a serré dans ses bras. Il y a eu des rappels. Mais tu n'attires plus les foules comme lors de tes premières apparitions dans la capitale française.

Originaire de Québec, Turgeon délaissera le chant pour devenir avocat. Tu assisteras à la messe de son mariage à l'église Saint-Séverin, à Paris. Au cours du banquet qui suivra, la mère du marié, qui est assise à tes côtés, observe que tu as « les mains bronzées ». Toi : « Ce n'est pas bronzé, Madame, c'est sale. »

À Paris, durant l'été 1947, ton séjour s'achève. Pas plus que Pierre Elliott Trudeau, qui occupe une chambre non loin de la tienne à la Cité universitaire internationale, ou le peintre Fernand Leduc, qui s'est installé avec sa femme Thérèse Renaud dans le Quartier latin, ou même Riopelle, qui, rue Jacob, est encore complètement inconnu, tu n'as réussi à faire trembler la place de Paris. Mais ce qui restera pour eux une étape excitante de leur jeunesse fait figure pour toi d'échec. Tu n'as pas rempli ta mission. Tu ne nous as pas donné un pays. Insensiblement, on te le reprochera.

Malgré cette contre-performance, et en dépit des apparences, tu ne t'es pas tourné les pouces à Paris. C'est d'ailleurs durant ton séjour à la Maison des étudiants canadiens que tu as défini ton credo artistique, à l'enseigne du Romantisme moderne. C'est aussi à Paris que tu as pris la décision de ne jouer désormais que tes œuvres en public. Et puis tu as noirci bien du papier à musique, à commencer par cet air écrit sur les paroles de *Colloque sentimental* de Paul Verlaine.

Dans le vieux parc solitaire et glacé
Deux formes ont tout à l'heure passé

Leurs yeux sont morts...

Tu n'hésites pas. Mort : il te faut un *mi* bémol.

Dans le vieux parc solitaire et glacé
Deux spectres ont évoqué le passé.
– Te souvient-il de notre extase ancienne ?
– Pourquoi voulez-vous donc qu'il m'en souvienne ?
– Ton cœur bat-il toujours à mon seul nom ?
Toujours vois-tu mon âme en rêve ?
– Non.

Tu remets ça sur le piano : « Non. »

Qu'il était bleu, le ciel, et grand l'espoir !
– L'espoir a fui, vaincu, vers le ciel noir.

Tu chuchotes les dernières strophes de *Colloque sentimental* :

Qu'il était bleu, le ciel, et grand l'espoir !
L'espoir a fui, vaincu, vers le ciel noir.

28 novembre

L'autre jour, dans le bureau de Robertine Vidal, un de ses collègues me lance : « Mathieu, c'est un autodidacte, non ? » Et puis après ? Gershwin aussi.

Cette façon qu'on a dans certains milieux de rejeter ceux qui refusent de se soumettre aux normes. Certes, comme nombre de surdoués, tu te méfies des endoctrinements, des servitudes. Question de te protéger. Tu te montres également réticent à tout effort de discipline et tu supportes difficilement les hiérarchies. Cela dit, tu as toujours respecté les « grands maîtres ». Tu te reconnais un héritage, celui des Romantiques, et, malgré quelques ruades, tu te ranges du côté des traditionnalistes.

Un pied dans la marge, un pied dans l'orthodoxie. Ta vie est dominée par une dualité d'instincts et de tendances philosophiques. Nomade mais incapable de t'arracher de ton sol natal ; révolté mais pas fichu de te louer un appartement, de te doter d'une chambre à toi.

À ton retour de Paris, en 1947, tu retournes chez tes parents. Tu as dix-huit ans. À la maison, inutile de le nier, il règne une atmosphère d'affrontement. Ton père ne sera jamais l'ami que tu as prétendu qu'il fut. Trop de malentendus vous séparent. Sans compter l'esprit de compétition qui règne inévitablement entre deux compositeurs, la jalousie d'un mari, et la véhémence d'un fils porté sur les débordements éthyliques.

Bien que résolu à ne pas quitter les tiens, tu étouffes dans l'atmosphère étriquée de la maison familiale. Alors, tu te réfugies de plus en plus souvent chez tes amis de la bohème. Mais tous ces jeunes sont passablement déboussolés. Plutôt que de se forger patiemment un destin individuel, nombre d'entre eux cherchent une fois de plus à reconstituer le confort du clan, la cohésion du groupe, de la petite société. Comble d'ironie, ils comptent sur toi pour leur servir de… chef.

Quant aux femmes, elle n'est pas encore née celle qui saurait t'extirper des griffes de Minou. Et parmi les belles un peu fanées qui s'offrent pour te consoler, plusieurs sont des sosies de ta mère. Il y en aura plusieurs qui t'appelleront tour à tour mon petit, mon chéri, ma crotte, mon trésor, mon grand amour. Elles seront infirmières ou speakerines, secrétaires ou débutantes. Elles t'admirent. Il suffit qu'elles t'aperçoivent derrière un piano pour que le souffle leur manque.

Mais quel mélodrame ! Tous ces sentiments outrés et toute cette mièvrerie, ces « je veux mourir dans vos bras », ces « surtout ne me décevez pas ». Bon sang, tu serais peut-être mieux avec un gars ! Ne monte pas sur tes grands chevaux, je ne songe pas à l'aspect sexuel, mais à l'amitié d'un homme plus âgé qui te transmettrait son expérience et son érudition. Un père, pas un concurrent.

Car tu as besoin d'appuis. Or, dans ton entourage, il y a des amis sincères mais aussi des profiteurs sans scrupules. Il faudrait te débarrasser de ces faux frères. Mais tu crains tellement de te retrouver fin seul, comme lorsque tu étais petit et que les adultes t'abandonnaient une fois le concert terminé. Le rideau tombait et tout à coup, c'était comme si le soleil s'éteignait. Des coulisses, sorties d'un épais brouillard, d'étranges créatures te faisaient signe. Tant que tu n'avais pas rejoint les autres, ces démons ailés, moitié sirènes, moitié dragons, menaçaient de te tuer. Tu prenais la fuite au milieu de leurs ricanements moqueurs.

Personne n'était au courant de ces visites d'après-concert. Pourtant, ils t'attendaient les passagers de l'ombre. Le plus souvent, tu parvenais à les repousser avec leur océan d'imprécations déchaînées. Mais tôt ou tard, tu le savais, ils finiraient par t'avaler.

2 décembre

Rencontre avec ton vieux pote Jacques Languirand, ce midi, dans la cafétéria de Radio-Canada. Languirand est une sorte de géant bienfaisant, tout pétri de sagesse, de boucane et de fantaisie. Il porte une cape et un chapeau, ce qui lui donne une allure de prêtre dionysiaque à mi-chemin entre le druide médiéval et le sportsman écossais. C'est un hédoniste qui se fait un devoir d'être heureux. Mais son rire tonitruant ne parvient pas à masquer toute sa tristesse d'insomniaque. Car il est triste parfois, surtout quand il pense à toi.

« Ah, André, ce garçon m'a fait souffrir terriblement », m'a-t-il confié devant un gratin d'aubergines. Il s'était mis en tête de te sauver « parce que nous manquions de héros au Québec », et que tu étais le plus grand. Il t'avait invité à joindre sa petite compagnie théâtrale. Il te confiait les musiques de ses spectacles. Tu le suivais durant les tournées. Quand tu arrivais pour les répétitions, il reniflait ton haleine.

– André, t'as bu !

– Pas beaucoup.

Il t'aimait. Ô combien il t'aimait ! Sous sa baguette, tu faisais de la « musique spontanée ». Chaque fois, a-t-il expliqué, c'était le même processus. Tu t'installais au piano. Il te racontait la trame de sa pièce ou de l'histoire qu'il avait inventée. Tu composais à mesure.

Lui : « Ici, il y a un vieux notaire qui arrive. » Toi, penché sur le clavier, tes doigts virevoltant sur les touches : « La la la la. »

Lui : « Méchant, le notaire. » Toi : « Boum boum boum ! » Les notes déboulaient, les arpèges ruisselaient. Tes grandes mains comme des masses martelaient l'instrument à mesure que l'intrigue se corsait.

Alors que tant de créateurs suent sang et eau pour accoucher d'une phrase ou d'un son un tant soit peu original, tu n'as qu'à te laisser aller pour faire naître des cascades de mélodies ravissantes. De fait, ta tête est si bien remplie de musiques que tu as entendues, de paysages que tu as vus, d'airs que tu as conçus que chez toi la création s'apparente à la combustion. Quand tu improvises, on dirait une digue qui se rompt, si bien qu'à la fin, a dit Languirand, le clavier menaçait de se fendre, « comme chez Beethoven ». Vingt ans plus tard, il en frémit encore : « C'était hallucinant. La science qu'il avait. Il m'épatait. »

Tous ceux qui ont eu la chance de te voir jouer ont pu constater ton incroyable sens du rythme, l'étendue de ta palette sonore ainsi que la puissance de ton jeu. Tu composes avec une telle aisance qu'on hésite à te prendre au sérieux. Il y a en effet un préjugé à l'égard de tout ce qui gicle et éructe, se pâme et percute. Il y a un préjugé à l'égard du génie insoumis qui, passé les courbettes de la petite enfance, fait peur.

J'ai devant moi une photo d'Orson Welles à vingt-deux ans, soit juste avant le tournage de *Citizen Kane*, qui est considéré jusqu'à ce jour comme un des plus grands chefs-d'œuvre de l'histoire du cinéma. Front surdimensionné, lèvres sensuelles, visage poupin, regard tourné vers l'intérieur... Je ne peux m'empêcher de remarquer l'incroyable ressemblance physique qui existe entre toi et le jeune prodige du cinéma américain. Mais, plus étonnant encore, c'est que ce phénomène semble sans rapport avec l'âge. Car c'est sur les photos de tes dix ans que ta ressemblance avec Welles est la plus frappante. C'est-à-dire au moment où vous vous trouvez tous les deux à l'apogée de vos carrières exceptionnelles.

La précocité est une anomalie et, comme tout ce qui est différent, elle suscite le soupçon, voire l'hostilité. On ne pardonne pas au prodige son entêtement et surtout sa liberté. Après *Citizen Kane*, Welles sera rejeté par Hollywood, comme tu perdras la confiance des milieux de la musique sérieuse après que ton *Concerto de Québec* eut servi de trame sonore au film *La Forteresse*. Car le génie incarne l'espièglerie, l'insubordination, de même qu'une forme de refus de l'autorité. Tôt ou tard, il se trouvera un collègue, un « ami », un professeur, un critique, un baron des affaires ou un patron de presse pour vouloir mettre le surdoué à sa place, pour vouloir le caser, le casser.

Toi, tu es piégé parce qu'à tes heures il t'arrive de penser comme eux – je parle des gardiens de l'orthodoxie. Il t'arrive de penser que tout ce qui n'est pas classique, répertorié, catalogué, c'est de la foutaise. Que les marginaux de la musique sont des fumistes, les mélodistes, des sous-musiciens. Tu te tires dans le pied, vieux, parce qu'avec ton talent hors norme tu es toi-même inclassable. De fait, malgré ton passé d'enfant prodige ou peut-être à cause de lui, tu t'affirmes de plus en plus comme un artiste atypique, un performeur, un improvisateur-né, un *showman*.

Tu te sers de la musique comme chacun de nous use de la parole. Parfois, un thème t'obsède. Il faut alors que tu t'en débarrasses, quitte à le répéter inlassablement au clavier pendant des heures. Languirand se souvient d'un type qui, excédé, avait refermé le couvercle du piano sur tes doigts. Tu hurlas. Les excuses avaient été longues et ardues. On ne touche pas impunément les mains d'un pianiste.

Languirand te voyait souvent au Savoy (on prononçait Savoille), un café de l'ouest de la ville. L'atmosphère était à la fête au pied du mont Royal. Aux « tavernes » traditionnelles s'étaient ajoutés des *after hours* et des cabarets où se produisaient les effeuilleuses les plus *hot* de la planète – Lili Saint-Cyr au Gayety et Peaches au Roxy. À la suite de Trenet, plusieurs chansonniers français étaient venus s'installer chez nous. Parmi eux, le duo Pierre Roche et Charles Aznavour qui avait pris racine au Faisan Doré, tandis que, dans le bas de la ville, les amateurs de jazz se retrouvaient au Rockhead's Paradise.

Il y avait de la drogue qui circulait. On pouvait se procurer de la benzédrine en vente libre et plusieurs étudiants absorbaient différents remontants la veille de leurs examens. On trouvait également des inconditionnels de la cocaïne et, parmi tes amis artistes, quelques-uns se shootaient à l'héroïne.

De fait, Montréal est une métropole pas mal olé olé à cette époque. On l'appelle *Sin City*. La ville du péché. Vertueuse le jour, elle se débauche quand la nuit tombe. Dans les *tourist rooms* de la rue Sainte-Catherine et les bordels du boulevard Saint-Laurent, les étrangers savent qu'on peut obtenir tout ce qu'on désire : il suffit de le demander. C'est une des rares villes sur le continent où les homosexuels ne sont pas trop inquiétés.

Mais cette tolérance est pour les « touristes » et, derrière une modernité de façade, les vieux interdits continuent de sévir. Société hypocrite qui accepte que ses enfants se prostituent pour faire bouillir la marmite mais qui refuse à ses intellectuels le moindre espace pour penser. Rappelle-toi la « fête à Balzac ». En 1950, le monde entier s'apprête à célébrer le centième anniversaire de la mort de celui qui est considéré comme le père du roman moderne. Au Québec, la Société des écrivains a prévu un modeste programme de conférences et d'expositions. L'Église s'oppose. Par la voix du directeur de *L'Action catholique*, Mgr Albert Valois, les autorités ecclésiastiques font savoir qu'elles ne toléreront pas le projet d'honorer un écrivain dont les œuvres sont toujours à l'Index.

À la librairie Tranquille où la colonie artistique montréalaise a pris l'habitude de se réunir, on s'engage à défier les ordres du clergé. Sous l'égide du père Tranquille, auquel se joignent une foule d'artistes et de sympathisants, une fête à Balzac est organisée, qui prendra entre autres la forme d'un défilé autour du parc Lafontaine.

Le 17 août 1950, c'est un de vos amis, l'artiste multidisciplinaire André Pouliot, qui personnifie Honoré de Balzac dans son cercueil. De son côté, Robert Roussil a sculpté une tête énorme de l'écrivain qui orne le parvis de la librairie. Durant la réception qui suivit, toute la bohème montréalaise était représentée.

Cette petite manifestation a remonté le moral des troupes. Avec un peu d'humour et de détermination, se dit-on, il y a peut-être moyen de sortir des ornières du passé. Pendant un moment, les artistes se sentent portés par un vent d'optimisme. On rêve du jour où chacun pourra être soi-même, on envisage un déblocage collectif. Comme si l'élite culturelle avait décidé de mobiliser tous ses effectifs dans l'espoir de frapper un grand coup, dans l'espoir de faire entrer le pays dans la modernité.

Mais ça prend des passeurs, des éclaireurs, des défricheurs. Immédiatement, on songe à toi, le « poète romantique du clavier ». Comme tout chef de file, tu as établi ton credo artistique, lequel sera placé sous le signe du Romantisme moderne. Tu as regroupé tes idées, que tu as pris la peine de défendre publiquement. « Je crois fermement à l'éternel recommencement des choses », écris-tu dans une chronique.

Romantisme moderne : le terme désigne ton style de composition musicale. Il fait également référence à une philosophie basée sur la continuité, de même que sur l'originalité. Car malgré ce qu'on a pu en dire, musicalement, tu n'es pas fixé sur le passé. Au contraire, comme tu le spécifies en mars 1952 dans la revue *Place publique*, tu vises la nouveauté. « Un véritable musicien, tout en admirant ce qui a déjà été fait, s'efforce de se dégager des influences pour trouver sa personnalité [...] Pour un artiste créateur il n'y a pas de plus grande joie que de constater qu'il a fait quelque chose de neuf et que cette chose est vraiment bonne. »

Comme ton père, tu aspires à donner une véritable « musique canadienne » à ce pays. Une musique jeune et dynamique car « nous devons être prudents mais non retardataires ». Comme ton père, tu t'opposes à ceux qui visent à faire du folklore le point de départ de cette aventure. Le folklore a sa propre richesse, plaides-tu, évitons de l'inclure dans les œuvres de création pure et les vaches seront mieux gardées.

Tu t'es aussi donné pour mission d'aller porter la musique chez les jeunes, dans les territoires éloignés, parmi les colons de l'Abitibi, les cultivateurs de la Mauricie, les pêcheurs de la Gaspésie, les Montagnais et les Cris. Dans de grosses voitures, avec différents compagnons de fortune, tu sillonnes le Québec, tu t'imprègnes de la senteur du vent, de la couleur des saisons. Attentif au paysage, à la beauté des choses, tu appliques la leçon de Debussy, à savoir qu'« il est plus utile pour un compositeur de voir se lever le soleil que d'entendre la *Symphonie pastorale* de Beethoven ».

Comme tous les musiciens en tournée, tu bois et tu te couches tard. À Matane ou à Baie-Comeau, je ne sais plus, la bagnole fait une embardée et tu te retrouves à l'hôpital. Est-ce cette fois que tu t'es fracturé le poignet gauche ?

Tu es incroyablement négligent envers ton corps et en particulier vis-à-vis de tes mains, cette partie de ton anatomie où réside ton génie. Alors que beaucoup de pianistes emmitouflent leurs précieuses phalanges dans les lainages, les protègent à l'aide d'exercices méticuleux, de trempages quasi religieux, tu exposes les tiennes aux pires traitements. Un de tes amis m'a raconté qu'un soir, dans un bar, tu avais écrasé volontairement ta cigarette sur le dos de ta main : « Tu vois, lui as-tu lancé, c'est plus facile de faire ça que de s'arrêter de boire. »

Coudon, vieux, c'est une manie. Déjà, quand tu étais petit, il avait fallu te sortir la main du « tordeur » de la machine à laver qu'une bonne avait malencontreusement laissée à ta portée. Puis, il y a eu les accidents de vélo, de traîneau, d'auto. On t'a vissé une plaque d'argent à une épaule. Un chien t'a mordu les jointures. Fractures, enflures, éraflures, brûlures, tu n'as jamais cessé de te blesser, de te mutiler.

De la même manière, on sait comment, avec ta force légendaire, tu malmènes les touches. Le piano, cet ami qui est une extension de ton corps, tu le traites durement, brutalement presque. Comment expliquer ce manque de considération pour ce qui t'est le plus précieux ?

Jeune, tu as eu droit aux instruments les plus sophistiqués. Tu as fait de la réclame pour les Willis. On t'a également vu au-dessus de Pleyel magnifiques, de Steinway, de Lindsay, de Quidoz, de Heinztmann, de Hamelin. Mais à mesure que le temps passe, tu te contentes de n'importe quel clavier. Entendons-nous : chaque fois qu'on te présente un instrument digne de ce nom, tu te diriges respectueusement vers lui pour l'effleurer de tes doigts. C'est toujours le premier geste que tu fais. Comme tu le dis dans ton langage précis, tu vas ainsi « saluer ton piano ». Il t'arrive cependant de jouer sur des casseroles. Contrairement à d'autres, tu n'es pas à la recherche de l'instrument idéal, du modèle parfait. Tu n'as jamais eu un piano fétiche, que tu aurais traîné avec toi toute ta vie et qu'on aurait pu ensuite exposer dans un musée. À la maison, rue Berri, les photos en témoignent, il n'y a pas de piano à queue, mais un simple piano droit. À la fin de ta vie, pas de piano du tout.

Mais la musique… Tu n'as jamais cessé d'aimer la musique. Tu peux bien tenter de briser ton corps, noyer le petit Mozart, détruire ta réputation, tu ne pourras jamais tuer la musique. La musique nous survit. La musique nous unit. Tant qu'une once de vie demeurera sur cette terre, il se trouvera toujours un être pour tenter de s'élever jusqu'à Dieu avec une mélodie. De ça, tu n'as jamais douté.

Déjà, à quatorze ans, tu t'indignais que les compositeurs allemands soient bannis des salles de concert à cause de la guerre. Dans une lettre ouverte aux journaux, tu précisais : « La musique n'a qu'une langue, celle des sons. »

La musique est ton pays, elle est ta patrie. Bien sûr, comme tout compositeur, tu as cherché à défendre ton œuvre, mais plus encore tu t'es défendu bec et ongles pour le rayonnement de cette grande puissance civilisatrice dans ce pays.

Tu fus l'un des plus grands propagateurs de la musique classique que nous ayons connus. Tu as fait des tournées, joué à la radio, publié des chroniques dans les journaux où tu as commenté les œuvres de

César Franck, « le plus grand innovateur avec Wagner en matière orchestrale et harmonique », de George Gershwin, « qui a réussi à créer un style de musique américaine », de Maurice Ravel, « une des plus belles musiques jamais écrites [...] le symbole de la pensée musicale française dans le monde ». Tu as allumé la flamme. D'autres ensuite se chargeront de porter le flambeau. On les qualifiera de pionniers. Mais le véritable pionnier, c'est toi, avec ta sensibilité, ton génie qu'en saltimbanque prodigue tu étais prêt à partager. Car tu as tout donné, sans compter. C'est d'ailleurs pourquoi, à la fin, il ne t'est rien resté. Tu as été victime de ton immense générosité.

Parce que tu tiens la musique en si haute estime, il t'arrive aussi de t'emporter contre tous ces « arrangeurs » et autres théoriciens de la laideur « qui veulent faire passer leurs élucubrations géométriques pour de la musique » et que tu méprises. Ah, tu en as long à dire sur leur paresse, leur manque de discipline et leur médiocrité. Tu ricanes, tu grondes, tu lèves le poing, tu envoies valser les verres. Quelle bande d'eunuques ! Ah, tu ris, oui, tu ris.

Dans le groupe que tu fréquentes, il y a de la place pour ce genre de propos. Contrairement aux Automatistes, influencés par les surréalistes français, la bohème issue de l'École des beaux-arts n'est pas sectaire. Elle accueille dans ses rangs des artistes aux idéologies et aux goûts divers. Suivant les principes énoncés dans le manifeste *Prisme d'yeux* d'Alfred Pellan, que plusieurs ont signé, ses membres sont ouverts aux modes d'expression traditionnels conçus « en dehors de toute ingérence littéraire, politique, philosophique ou autre ». Aux cris des avant-gardes ils opposent la voie du néo-classicisme, sans doute plus modeste, mais néanmoins « digne et pure ».

On trouve des jeunes et des moins jeunes dans ce cercle aux couleurs bigarrées, des gais et des straights, des saints et des malfrats. Certains ont fait de la prison. D'autres ont chassé le bison tandis que les plus tendres expriment leur recherche de l'authenticité à travers une passion pour tout ce qui touche la nature et ses secrets.

Tes amis connaissent ainsi les noms des oiseaux, des plantes, des fleurs. Ils écoutent du vieux folklore, mais aussi Billie Holiday, Marianne Oswald, Miles Davis, Juliette Gréco. Sur leurs nouveaux pick-up RCA Victor, ils se repassent sans cesse les couplets du légendaire *Gloomy Sunday*, une mélodie à laquelle la légende attribue un nombre impressionnant de suicides et qui, pour cette raison, a été bannie des ondes aux États-Unis. Avec leurs visages de craie, leurs lèvres blanches et leurs yeux rehaussés de khôl, les filles « couchent », ce qui est nouveau. Se qualifiant de muses et d'inspiratrices, elles affichent une sensualité troublante. Mais dans les chambres où elles s'envoient en l'air, les crucifix sont toujours fixés au mur. Évidemment, ça fait des histoires.

La mode est aux drames, aux chagrins d'amour et aux crises de désespoir. Un de vos amis menace régulièrement de se brûler la cervelle. Il faut parfois aller le chercher sur une corniche d'où il contemple le vide d'un air vengeur. À d'autres moments, il brandit un couteau, une corde. Il n'est pas le seul à sombrer dans la mélancolie. Artistes incompris, femmes délaissées, génies méconnus, ils sont nombreux à avoir les yeux rivés sur l'abîme. Les plus téméraires jouent à la roulette russe. On peut parfois entendre le bruit de leurs armes à feu dans la nuit. Un jour, se dit-on, l'un d'entre vous finira raide. Pour l'époque, c'est assez *wild*.

Il y a aussi, dans cette « armée de soldats endormis », un ange blond qui ressemble à Rimbaud. Enfant prodige des lettres québécoises à peine nées, Sylvain Garneau incarne la jeunesse et la beauté. Inspiré par la foule bigarrée de Montréal, il fait paraître dans des revues des textes tendres où il est question de soleil et d'oiseaux, mais aussi de détresse urbaine, de vagabondage.

Comme toi, il est précoce : il a commencé à publier à seize ans. Il connaît l'Europe, qu'il a visitée durant l'adolescence. Il a travaillé dans la construction, a été annonceur à la radio dans le Témiscamingue. Il rédige des articles pour un magazine économique qui s'appelle *Au prix courant*. Il compose également des chansons en s'accompagnant à la guitare. Il a appris des tas de poèmes, peut réciter de mémoire Baudelaire, Nelligan, Vigny. Il est passionné de nature, collectionne les insectes et conserve un herbier. Il raffole de la chasse aux papillons.

Vous discutez musique et littérature. Vous buvez. Parfois, vous marchez jusqu'à la maison des Garneau à Outremont. Le poète n'y habite plus, mais il lui arrive encore d'y passer. Au sous-sol chez les Garneau, il y a un piano peint en vert, des tableaux, des livres et un immense aquarium. Le frère de Sylvain, Pierre, est un peintre qui a signé *Prisme d'yeux*. Un original, il porte une robe de bure. L'alcool coule à flots. Parfois, Pellan vient faire un tour.

Charles Trenet est aussi un habitué. On se passe des drogues sous le manteau.

Planant comme un aigle au-dessus de cet univers baroque, y projetant son ombre fantastique, Serge Deyglun, six pieds et deux pouces, cent soixante-quinze livres, personnage immense au propre comme au figuré, se présente comme un aventurier sans limites, un amateur de défis extrêmes, un gourou sans chapelle, un intellectuel omnivore, un encyclopédiste-né. À elle seule, sa consommation d'alcool suffirait à le rendre légendaire. Il est en plus poète, romancier, chansonnier, réalisateur de documentaires, expert en paradis artificiels, passionné de chasse et de pêche, journaliste, conférencier.

Deyglun te donnait volontiers du « cher maître », lui qui avait ton âge. Il t'estimait énormément, comme la plupart des intellectuels, comme la journaliste Jean Desprez, par exemple, qui, dans un poème, te comparait à « un jeune animal prêt à bondir ». Dommage que Léo n'ait jamais réalisé un tableau qui vous aurait réunis autour de ton piano. Voyons voir. Juste derrière toi, il y aurait eu Sylvain Garneau en prince des lettres et, à ses côtés, sa femme Amulette. Derrière une fenêtre entrouverte, la peintre Kittie Bruneau. Et puis le grand Serge, et pourquoi pas le Fou chantant ? Le père Tranquille feuilletterait quelque bouquin à moitié tapi dans l'ombre, tandis que Léo se serait représenté en silhouette fuyante dans le miroir. Puis ce déjanté de Pouliot, et pourquoi pas cette petite fleur, la comédienne Muriel Guilbeault, dont Sartre admirait le talent et qu'il voulait faire venir à Paris ?

Qu'en dis-tu ? Ça aurait été chouette, non, de vous retrouver tous là ? Alors qu'aujourd'hui il faut vous chercher dans le vent, dans le soleil et dans le couchant.

12 décembre

Hier, Robertine m'a offert une surprise : une page inédite, un air inconnu que tu aurais composé au début des années cinquante. « Ton cadeau de Noël, Aimé », a-t-elle lancé en me présentant un encadrement où se détachent six portées couvertes de notes, griffonnées à la hâte, une sorte de pense-bête ou de brouillon signé de ta main.

Le document, m'apprend-elle avec un air de conspirateur, lui vient d'une descendante directe de Calixa Lavallée, l'auteur de la musique d'*Ô Canada*. Mimi Choquette, tu te souviens ? Une brune pétillante, élégante et raffinée qui avait étudié à l'École des beaux-arts et qui fréquentait la bohème de Montréal. Famille de musiciens. Chez ses parents, dans le salon, il y avait un splendide Steinway de concert. Après son mariage en 1953, Mimi est partie vivre aux États-Unis et vous vous êtes perdus de vue. Mais elle a conservé précieusement cette petite musique que, vraisemblablement, tu lui avais laissée en souvenir et qu'elle a consenti à nous prêter.

Étiez-vous amants ? Robertine a eu un sourire dédaigneux, comme pour signifier : est-ce qu'on s'intéresse à ce genre de ragots ?

Nous avons soigneusement retiré la partition de son cadre pour découvrir, tout en haut de la feuille, cette annotation de ta main : « *tempo di fox trot* ».

« C'est une danse, n'est-ce pas ? », a demandé Robertine. Ni elle ni moi ne parvenons à lire une page musicale. « Je ne savais pas qu'André Mathieu s'était amusé à inventer des danses populaires », a-t-elle ajouté. « Il a peut-être simplement voulu suggérer un rythme », ai-je répliqué.

Nous nous sentions un peu penauds. Plus que tout, nous aurions bien aimé entendre ce petit bout de toi. Aussi, Robertine a suggéré d'aller sonner chez son voisin, un compositeur.

Jacques Hêtu n'a pas posé de questions. Derrière ses grosses lunettes, il a plongé son regard perçant dans la partition, comme s'il voulait en extraire d'un seul coup toute la couleur, toute la saveur. *Pom pom pom*, a-t-il chantonné alors que nous l'observions avec l'air suppliant du malade qu'une crise surprend dans un pays inconnu et qui doit compter sur un traducteur pour obtenir un remède.

Le diagnostic, d'ailleurs, ne tarda pas à tomber :

– Il n'y a pas d'accompagnement, a-t-il observé brusquement. Seulement un thème.

– Seulement un thème ?, a répété Robertine d'une voix flûtée, tout à coup très humble.

– Il n'y a pas d'accords, a repris le compositeur d'un ton bourru.

Ne voulant pas faire étalage de notre ignorance, nous nous sommes contentés d'un silence prudent.

Il a poursuivi : « Si vous me le laissez, je vais voir ce que je peux faire. » Alors, nous avons abandonné ton fox-trot entre les mains de ton collègue, en espérant pouvoir l'entendre un jour.

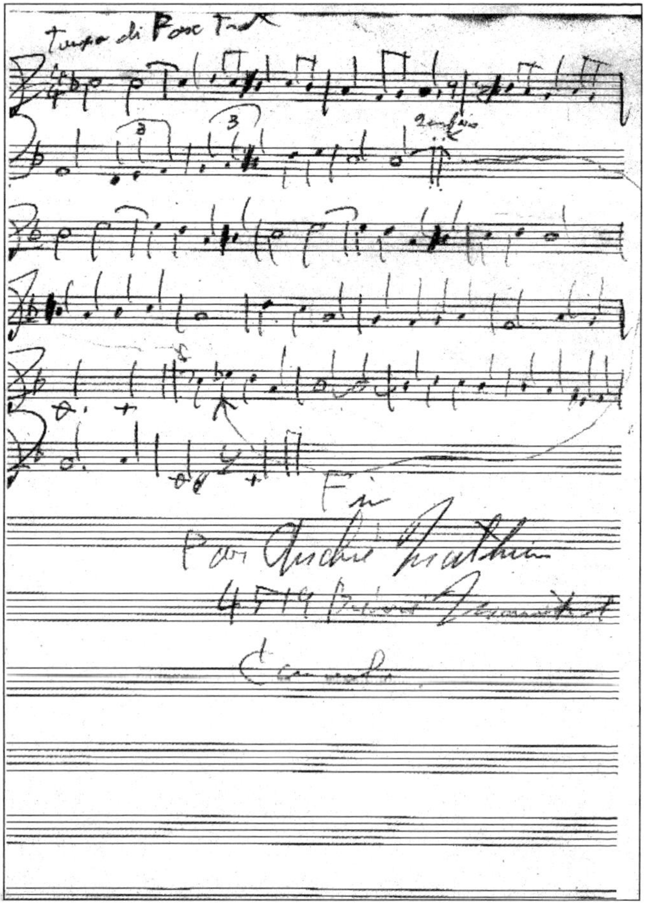

15 décembre

Un après-midi, tu assistes à tes funérailles.

Tu te trouves à la campagne durant la saison de la chasse. Levant les yeux au ciel, tu aperçois une perdrix qui pique du nez. *Poc*. Son corps ensanglanté atterrit sur le parvis d'une église. Tu t'approches. À la place de l'oiseau, tu découvres un petit cercueil blanc, comme celui qu'on réserve aux enfants baptisés morts sans avoir péché. « C'est aujourd'hui qu'on enterre le Mozart canadien », te glisse le bedeau en te désignant la foule en pleurs. « Pourriez-vous jouer votre marche funèbre ? »

Tu t'éveilles au son du téléphone. Il est environ quatre heures. Tu t'étais assoupi sur le canapé. « Tu es au courant pour Muriel Guilbault ?, annonce ton interlocuteur. Oui, la comédienne. Eh bien, on l'a retrouvée pendue dans son appartement. Trente ans à peine… »

Tu as déposé le combiné. Tu l'ignorais sans doute, mais le compte à rebours avait débuté. Un à un, comme s'ils s'étaient donné le mot, les meilleurs d'entre vous allaient tirer leur révérence, laissant derrière eux un vide accusateur et oppressant. Chronique d'une catastrophe annoncée. Tout le monde savait, mais personne n'osait affronter la réalité, sinon de manière détournée ou encore par l'entremise d'affabulations grotesques, de rumeurs farfelues ou caricaturales.

Ainsi, quelques jours seulement après la disparition de Muriel Guilbault, le 26 janvier 1952, la revue *Radio-Monde* fait état d'une rumeur selon laquelle tu te serais « enlevé la vie dans une ville du nord de la province ». Tu te sens tenu de publier un démenti. « Je ne suis *pas encore mort* », spécifies-tu, te déclarant du même coup « fatigué de toutes les histoires » qu'on laisse courir sur ton compte.

Alors que plusieurs s'attendent à ce que tu te fasses sauter le caisson, c'est ton ami le poète Sylvain Garneau qui met fin à ses jours, le 8 octobre 1953. Âgé de vingt-trois ans, le petit prince des lettres meurt des suites des blessures à la tête qu'il s'est infligées avec un fusil de chasse. Stupeur et consternation. Quelques semaines avant sa mort, Sylvain aurait évoqué un mode de vie qui était en train de l'achever. Pour certains, cette tragédie est l'occasion d'un rappel à l'ordre. Un journaliste de vos amis annonce son intention de publier un article dans lequel il accuserait « l'ambiance de beuverie et de fornication » qui régnait autour de vous. L'article ne sera pas publié.

Chez les Garneau, on n'a jamais accrédité la thèse du suicide. Néanmoins, le jeune frère de Sylvain, le poète Michel Garneau, se souvient qu'au lendemain de « l'accident » un sculpteur s'est présenté devant ses parents. « Il leur a demandé s'il pouvait exécuter le masque mortuaire de Sylvain. Mon père accepta. L'homme se rendit au salon où le corps était exposé. Il tira une empreinte du visage de Sylvain en appliquant le plâtre sur ses traits. Puis il se suicida. »

Tu te souviens sans doute qu'il s'agissait de votre ami André Pouliot, celui qui avait personnifié Honoré de Balzac dans la fête à Balzac organisée par le libraire Henri Tranquille. Pouliot se jeta en bas du viaduc Atwater, tout en se poignardant. Moment de folie ? Remords ? Culpabilité ? Le mystère n'a jamais été éclairci.

Tu commentas la mort de Sylvain Garneau en ces termes dans la revue *L'Œil en coulisse* : « Le Canada français a perdu un de ses plus grands poètes de notre jeune génération. Sylvain Garneau n'était pas vieux : 23 ans !... Il a été le coup de clairon dans une armée de jeunes soldats endormis. Il a voulu exprimer l'espoir de la jeunesse en la vie. Il a été une lueur dans l'obscurité de notre jeune vie. C'est pourquoi nous ne devons pas seulement considérer Sylvain Garneau comme un poète, mais bien aussi comme un philosophe. Je m'incline devant la tombe de celui qui fut mon ami et je m'émeus au souvenir du grand poète qu'il était. »

Il s'est écoulé sept ans depuis que Léo a peint ton portrait en conquérant. Sept ans durant lesquels la bohème artistique québécoise est passée de l'enthousiasme le plus candide au désespoir le plus noir.

On a dit qu'en tant qu'apôtres de l'amour libre vous aviez été victimes de votre exaltation et de votre témérité. On a dit que, tentés par le martyre, vous vous sentiez obligés de vous punir pour le plaisir que vous vous accordiez. Que les plus sensibles parmi vous n'avaient pu supporter leur séparation d'avec Dieu. Une chose est certaine, le suicide, celui de tes proches et l'idée de ta propre disparition accompagneront désormais chacun de tes pas.

La triste saga se poursuivit. Après Muriel, Sylvain et André, ce fut au tour du comédien Jean Saint-Denis d'ouvrir le gaz dans son logement et de mettre ainsi un terme à ses jours. D'autres disparitions s'ajoutèrent aux premières, tout aussi tragiques, mais qui concernaient des personnalités moins connues et dont on entendit peu parler. La plupart du temps, on évitait d'évoquer les circonstances de ces morts pour ne pas accabler les familles. La plus déchirante pour toi fut sans aucun doute celle d'André Audet qui t'avait jadis « ordonné » de survivre alors que tu tentais de te noyer dans le lac des Deux-Montagnes. Ton grand frère. Voilà que ce bon vivant, ce « géant sûr de sa force » à la capacité de travail époustouflante s'était éteint à l'âge de trente-sept ans. Sur le coup, on invoqua l'urémie pour expliquer son décès. Mais son fils me confia qu'il s'agissait en réalité d'un suicide.

Quelque temps avant que ne débute cette procession macabre, tu t'étais rendu à Washington pour une série de concerts qui normalement auraient dû clouer le bec à tous ceux qui te croyaient « fini ». Comme chacun sait, nul n'est prophète en son pays. Aussi, il n'y a rien de tel qu'un triomphe à l'étranger pour dessiller les yeux des hérétiques et faire revenir à soi les ingrats.

Mais rien ne se déroula comme prévu. Après une prestation remarquée en 1950, ta cousine Marthe décida que tu donnerais un second concert pour l'année suivante au cours duquel tu ne jouerais que tes compositions. Mariée à un diplomate vénézuélien en poste dans la capitale américaine, Marthe Pocaterra était confiante de pouvoir frapper un grand coup. Le 17 avril 1951, à la prestigieuse Phillips Gallery, elle invita tout le gratin qui officiait autour de la Maison-Blanche, le personnel des ambassades, les mondains, les critiques.

Au milieu de cette élégante assemblée, Paul Hume a du mal à réprimer son agacement. Un des critiques les plus influents des États-Unis, Hume écrit dans le *Washington Post*. D'emblée, il ne peut te piffer. Trop sentimental, trop romantique, trop français. Il arrive à peine à tenir sur sa chaise tant il est irrité.

Dans son papier du lendemain, il ne te ratera pas. Bien qu'il reconnaisse avoir succombé à quelques moments de « pures et chantantes » mélodies durant la soirée, il juge ta technique de jeu outrageusement flamboyante, « *the big flashy kind* », écrit-il. Ton style exubérant l'énerve. Il t'accuse d'imiter Debussy et Rachmaninov. Il trouve tes compositions remplies de clichés.

La mode n'est plus aux envolées romantiques. Aux physionomies héroïques, au style orageux, on préfère des manières plus retenues et un jeu plus cérébral. Or, toi, avec ta fougue et ton extase d'un autre siècle, tu es inévitablement perçu comme un « pianiste de salon », un produit de l'ancienne Europe, anachronique et désuet. À l'heure de la télévision naissante, cette image va te piéger.

Languirand se souvient d'avoir discuté de ton « échec » (peut-être pas celui de Washington, mais celui plus global de ta destinée) avec son ami le romancier Hubert Aquin, qui venait de publier un essai intitulé *La Fatigue culturelle du Canada français*. Écrivain surdoué, Aquin est une sorte de monstre dans ton genre. « L'évolution d'André faisait partie de l'inquiétude qu'Hubert entretenait sur le Québec », m'a expliqué Languirand, qui peut citer des propos très précis à ce sujet. Pour Aquin, a-t-il ajouté, tu étais « un raté comme nous tous ».

Ainsi, tu n'avais pas réussi à réparer notre impuissance. Nous n'allions pas te le pardonner. Car nous t'en voulions d'être comme nous. Ni Beethoven ni Wagner. Juste un génie ben ordinaire.

Alors, pour te punir, nous t'avons effacé de notre mémoire. Pour te punir, nous t'avons assassiné. Et puisque tu incarnais la société entière, nous étions prêts à exécuter le geste ultime de l'autodestruction collective. Pour te punir, André, nous étions prêts à nous suicider.

22 décembre

Dernier rebondissement dans notre recherche du tableau à la suite d'un voyage d'Alizé dans le Bas-du-Fleuve où elle s'est rendue pour assister au vernissage d'une amie.

Le Centre d'art de l'île aux Canards occupe une ancienne goélette, arrimée au quai. En plus de la galerie, on y a logé une salle de spectacle et un restaurant. Le restaurant s'appelle Le D'Avignon. Un brin chic, un brin kitsch, la décoration rappelle la salle à manger d'un paquebot. Les serveurs sont habillés en marins et il y a des aquariums un peu partout. Les murs sont couverts d'œuvres d'art.

En pénétrant au D'Avignon, Alizé a repéré les uniformes qui lui étaient apparus en rêve. Elle a même cru reconnaître l'un des mystérieux joueurs de cartes qu'elle avait surpris dans l'ancien atelier de Léo, rue Saint-Christophe. Elle a demandé à voir le patron. Celui-ci n'avait jamais entendu parler de Léo ou de ses tableaux. S'il a appelé son restaurant-galerie Le D'Avignon, a-t-il précisé, c'est en l'honneur des *Demoiselles d'Avignon* de Picasso. « Je suis un amateur d'art moderne. Pas de paysages québécois. »

Mais comment expliquer cette ressemblance entre les garçons de table et les usurpateurs de ton portrait ? « Ça ressemble à un roman policier votre affaire, a dit le patron en haussant les épaules. Interrogez mes gars si ça vous chante. Mais moi, je les connais, ils n'ont pas bougé d'ici depuis deux mois. »

L'enquête auprès des employés du D'Avignon n'a rien donné. Mais en regagnant sa voiture dans le parking, Alizé a trouvé un message sur le pare-brise. « Le tableau que vous cherchez n'est pas ici. Si vous voulez en savoir davantage, adressez-vous à Mme Robertine Vidal, directrice du département d'histoire à l'Université de Montréal. »

« *Robertine ?* Mais c'est impossible », ai-je dit à Alizé. Elle m'en aurait parlé.

On n'en sait pas plus pour l'instant. Bonne nuit, vieux, je suis fatigué, je vais me coucher.

9 janvier 1980

Je reviens à cette déclaration que tu as servie aux journalistes. « Je ne suis pas encore mort. » Bravo, vieux ! Tu fais bien d'insister. Comme le prétendait Malraux : « Ce n'est pas pour mourir que je pense à ma mort. C'est pour vivre. » À mon avis, on a sous-estimé ton amour de la vie.

Vivre. À vingt-quatre ans, tu composes toujours, et de belles choses en plus. De fait, tu penses presque continuellement en musique. Dès que tu aperçois un piano, c'est plus fort que toi, tu t'y assois. Très souvent, des pages brillantes jaillissent de ton cerveau. « Ah, ça, c'est beau », marmonnes-tu en sentant les ondes harmoniques te chatouiller les doigts.

Parfois, tu t'arrêtes pour gribouiller quelques notes sur une portée. La plupart du temps, tu t'en vas en laissant ton esquisse derrière. Il arrive qu'une jolie femme la mette dans son sac. Il arrive aussi que le serveur la jette au panier.

Le soir, on est certain de te retrouver au Savoy, au Caprice, à l'Esquire ou au Café Minuit. Tu fréquentes sans doute aussi La Hutte Suisse, puisque c'est le lieu de rendez-vous de la bohème de Montréal. Dans plusieurs de ces endroits, on te fait crédit. Le personnel est gentil. On te donne accès au piano quand il y en a un. Comme Gershwin, il te faut un clavier pour te sentir à ton aise en société.

Tu possèdes des opinions tranchées que tu transcris dans un petit cahier rouge et noir. Les points d'exclamation abondent, ainsi que l'ironie. Ton appréciation des femmes en particulier est teintée d'un humour grinçant. Tu n'es pas tendre non plus à l'égard de l'homosexualité. « Je n'ai jamais vu quelqu'un d'aussi obsédé, m'a dit Languirand. Il avait horreur de ça. » De nos jours, on t'accuserait de misogynie et d'homophobie. Sérieux, vieux. Tu ne pourrais plus parler comme ça.

Comme Liszt, tu joues des heures sans te fatiguer. À partir d'un thème ou d'une ligne mélodique, tu brodes des guirlandes d'arpèges harmonieux. Dans les bars, les clients adhèrent tout de suite à ces airs accrocheurs. Moins convaincus, les spécialistes te reprochent tes « mélodies faciles » qui plaisent surtout (ô horreur !) à l'oreille populaire.

Toi, tu en as assez de ces pisse-vinaigre qui ne sont jamais contents et qui font la moue en t'écoutant. Tu t'ennuies du vrai monde, de ce petit peuple qui t'a toujours chéri. Le public a pour toi la douceur des paysages de l'enfance. C'est au sein de cette terre chaude et accueillante que tu es né. Tu veux retrouver ceux qui t'ont célébré à tes débuts, sans passer par ces douaniers grincheux et méticuleux que sont les critiques et autres professionnels de la culture.

Automne 1954, quelques mois après ma naissance donc, tu annonces la tenue d'un événement unique au cours duquel tu t'engages à battre le record mondial d'endurance au piano, détenu par un Allemand. Un pianothon ? Les bien-pensants poussent des soupirs indignés. Voilà qui ressemble davantage à un cirque qu'à un concert, font-ils. Ironiquement, c'est avec cet exercice controversé que tu entends célébrer tes vingt ans de vie musicale. Aujourd'hui, on soutiendrait que tu t'adonnes à ce type de performance pour faire exploser les limites de la pratique artistique. Mais à cette époque où Andy Warhol n'était encore qu'un marmot et où les boîtes de soupe Campbell n'avaient pas encore une valeur d'icône, ton flirt avec la culture populaire passe pour de la folie. Sauf qu'en dehors des cercles bourgeois les gens viennent nombreux pour t'applaudir.

Le 8 décembre 1954 à une heure du matin, tu apparais devant tes fans au Palais du Commerce, rue Berri, à Montréal. Il a été prévu que tu jouerais sans discontinuer tes propres œuvres et celles des maîtres du répertoire classique jusqu'à ce que tu battes le record de 19 heures 90 secondes établi par le champion en titre.

Sur scène, une infirmière prend régulièrement ta tension artérielle. Garde Giroux porte l'uniforme blanc et la coiffe. Un médecin se tient également à tes côtés pour te faire les injections (« d'albumine », précise-t-on) sans lesquelles tu ne pourrais tenir. Incroyable ! Des injections sur scène : ton audace rejoint celle des artistes contemporains de la performance. Tu es vingt ans en avance, vieux ! Un peu plus et tu enverrais ton sang gicler sur les murs !

Une impatience fiévreuse règne dans l'auditorium à mesure que le cadran de l'horloge égrène les heures qui te séparent du podium. Un présentateur lit à haute voix les télégrammes d'encouragement qui ne cessent d'affluer. Également sur place, les représentants de la radio s'égosillent en direct dans leur micro pendant que, sur le plancher, la foule ne cesse d'augmenter. Pas de doute, tu es au sommet de ta forme.

À 20 heures 16 minutes 30 secondes précises, l'animateur claironne la nouvelle : tu viens de franchir le cap que tu t'étais fixé. Pour couronner ce triomphe personnel, tu joues les premières notes de l'*Ô Canada*, sous les applaudissements redoublés de l'assistance qui, dit-on, se chiffre à 12 000 personnes. Mais alors que tout le monde s'attend à ce que tu ailles te coucher, tes mains refusent de s'arrêter. Si bien qu'il a fallu deux heures supplémentaires pour t'« arracher » à ton instrument.

Ta ténacité « a bouleversé la foule ». Beaucoup de tes admirateurs, comme cette dame qui livre ses impressions dans le courrier des lecteurs d'un quotidien, ont apprécié la qualité exceptionnelle de tes improvisations. Il ne s'agissait pas de pianotage, a reconnu la critique, mais d'un véritable festin musical. De New York, Ed Sullivan a téléphoné. Les organisateurs parlent de tournées à l'étranger. Mis au courant, Charles Trenet a télégraphié 500 dollars pour t'encourager. Comme quoi, sur le coup, beaucoup de gens y croyaient. Une fois de plus, ton entourage réclame un « nouveau départ ».

Tu aurais pu y arriver. Tu aurais pu en profiter pour t'affirmer comme le grand performeur que tu étais et transformer ce spectacle postmoderne en premier happening musical populaire. Pourquoi pas ?

Tu avais le coffre et l'endurance physique pour relever un tel défi. Et malgré ce qu'on a prétendu par la suite, ton premier pianothon, c'était un maudit bon show. Un show pop, provocateur, plein de démesure et de sueur. Un show accessible, un show de l'avenir.

Mais quelque chose te retient aux portes du succès. Quelque chose qui te pousse à tout balancer par la fenêtre dès l'instant où la roue commence à tourner à ton avantage. Il y a aussi que tu es seul. Pour imposer ton style et pour t'affirmer en toute liberté, il t'aurait fallu l'aide d'un impresario visionnaire, d'un homme de la trempe de ceux qui ont tout juste inauguré le Festival de jazz de Montréal. Imaginons un instant un spectacle multidisciplinaire autour du piano, en compagnie de Léo et Serge Deyglun, avec peinture en direct et poésie éclatée. Je ne sais pas pourquoi, vieux, mais il vous manquait cet esprit de gang, cette solidarité. Vous étiez tous formidables, mais chacun dans votre coin ; face à une société figée, vous étiez destinés à être dévorés.

Alors, il n'y aura pas de tournées à l'étranger. Comme un joueur rivé à sa table de poker, tu es devenu accro des pianothons. Six mois après le triomphe au Palais du Commerce, tu reprends ta place, cette fois sur l'estrade au Café Saint-Jacques où tu restes enchaîné à ton outil de travail durant plus de quarante heures !

L'été suivant, tu remets ça en promettant de détrôner un dénommé Bird qui se prétend le roi mondial des tournois au clavier. Tu le coiffes au poteau après soixante-huit heures d'arpèges sans interruption. Et ainsi, d'année en année, jusqu'en 1958 (je ne suis pas certain de la date exacte car les médias ont alors cessé de s'intéresser à ces pugilats), où un entrefilet dans un journal mentionne un duel avec un certain Jim Montecino de Nouvelle-Zélande. Est-ce à cette occasion que tu aurais joué quatre-vingt-seize heures sans t'arrêter (comme tu le mentionnes à Andréanne Lafond dans une dernière entrevue en 1968) ? Quatre-vingt-seize heures, donc quatre jours d'affilée, sans pause ! Dis donc, vieux, il faudrait que tu me donnes le nom de ton *pusher*.

Entre-temps, *divided soul*, tu as eu l'occasion de faire au moins un retour dans le circuit « classique » avec un concert à l'auditorium Le Plateau en compagnie de ton père. Le 11 février 1955, tu fais entendre plusieurs de tes œuvres récentes, dont un *Prélude romantique*, une *Fantaisie pour la main droite*, le *Trio pour violon, violoncelle et piano,* le *Concerto n*o *4* et, bien sûr, le *Concerto de Québec.*

La critique est partagée. Dans *Le Devoir*, Jean Vallerand se déclare « obligé » d'être dur avec toi, « même très dur », parce que, selon lui, tu « ne travailles pas assez ». On ne s'attendait évidemment pas à ce que ce monsieur (un compositeur, lui aussi, comme par hasard) approuve ton « récent record d'endurance ». Mais ce qui frappe surtout dans son compte rendu, c'est sa condescendance à l'égard de tout moyen d'expression populaire. Ainsi en est-il de la musique de film, un genre qu'il condamne sans détour. Il cite le *Concerto de Varsovie*, « écrit par je ne sais plus trop qui pour je ne sais plus quel film », comme exemple à ne pas suivre (tout en sachant que tu t'y es déjà brillamment illustré avec ton troisième *Concerto*).

Le *Concerto de Varsovie*, tu connais. Il s'agit d'une des œuvres les plus écoutées dans le monde, écrite en 1941 pour le film *Dangerous Moonlight* par Richard Addinsell, un émule de Rachmaninov. D'une durée de neuf minutes, le morceau s'est vendu à près de trois millions d'exemplaires au cours des ans et des rééditions successives. Pas de doute que ton *Concerto de Québec* mériterait le même sort. Mais cette œuvre dont tu as cédé une partie des droits n'est pratiquement plus écoutée. En outre, Montréal n'est pas Hollywood et, pour les types comme Vallerand, ce genre de musique faite de « sensiblerie facile et commerciale » ne vaut rien !

Voilà comment on traite nos « musiciens d'élite ». Y a-t-il une raison pour une telle cruauté ? Coudon, vieux, voilà que je m'emporte. En fait, et bien que je me déclare non violent, je me surprends à rêver de vengeance. Je m'imagine, ti-cul aux cheveux longs et infirme de la main gauche, en train de flanquer une bonne raclée à l'un de ces messieurs. Voilà pour le tort que vous avez causé à mon petit père. Mon indignation supplée à mon absence de muscles. Tout à coup, je suis superman. Tes ennemis demandent grâce à genoux. Oui, ils l'admettent. Ils ont été ignobles avec toi. Ils vont s'en excuser.

Bon, tout ça ne nous avance guère. Heureusement, dans la vraie vie, il se trouve toujours un poète pour te défendre. Aussi, ce soir-là, dans la salle de l'auditorium Le Plateau, Gaston Miron jure secrètement de te rester loyal. À vingt-sept ans, Miron est à peine plus âgé que toi, mais il prend immédiatement la mesure de l'injustice dont tu es l'objet.

Ce faisant, il s'insurge contre les « belles-dames-belles-amantes-des beaux-arts, beaux-messieurs-beaux-esthètes » qui désertent tes concerts et te montrent du doigt. Qui te déclarent « fini », qui te traitent de « bum » et qui se voilent la face en entendant ton nom. Oui, Miron en a assez de ces pseudo-intellectuels qui ne connaissent de la pratique artistique que ce qui est convenu, approuvé, figé.

Par la suite, vous vous croiserez régulièrement, dans la rue Saint-Denis, tout près du square Saint-Louis. Peu à peu, une amitié naîtra entre vous.

– Alors, Miron, lui lanceras-tu chaque fois, toujours agnostique ?

– Et toi, André, te répondra-t-il sur le même ton, toujours croyant ?

Eh oui, tu es toujours croyant et tu habites encore chez ta maman. Un bon garçon, donc, sous plusieurs rapports, toujours bien mis, qui prie le bon Dieu et qui vote pour l'Union nationale. Mais comme Schumann, il y a un double en toi qui t'ordonne de te saborder et d'en finir. Un jumeau malfaisant. Un frère ennemi.

Ce démon te fait souffrir, mais il t'offre aussi quelques compensations – sinon, à quoi bon devenir fou ? Aussi, tu savoures cette liberté que tu t'accordes désormais de te tromper, d'échouer, de te casser la gueule. Et de voir ta réputation se déglinguer comme un *vieux char* qui n'a plus de freins, plus de *muffler*, et filer à la fine épouvante dans notre beau paysage québécois, ça te réjouit. Ah, la gueule qu'ils font dans ce temps-là ! *Not ti* André y peut pas nous faire ça. Eh oui, madame, votre André, il s'en balance. Les voilà outrés.

D'autant plus que tu nous as fait une sacrée frousse avec tes pianothons. Ta mise à nu dérange, tes élucubrations font peur. Car au-delà de la musique, c'est ton corps que tu donnes en pâture à la foule durant ces performances qui atteignent des sommets sur l'échelle du désir. Tes détracteurs l'ont sans doute compris, eux qui, comme on le dit pour les putes, t'accusent ici de « tomber bien bas ».

Tu as beau invoquer le fantôme de Franz Liszt qui s'était mesuré à l'Autrichien Sigismund Thalberg dans une épreuve d'endurance fort médiatisée dans le Paris de 1837, à part toi, les pianothons n'eurent aucun défenseur sérieux à Montréal. À la fin, l'enjeu avait perdu tout intérêt, même aux yeux du peuple qui préférait à ce genre de joutes les matches de lutte à la télévision. Quarante, soixante, quatre-vingt-seize heures : toi, tu continuais à te perdre dans ta transe. Seul en scène. Seul tout court. Car à la fin, si j'ai bien saisi, il ne venait plus un chat au Café Saint-Jacques pour assister à tes « exploits ».

Un jour, pourtant, il s'est présenté un personnage étrange. Il devait être cinq heures du matin. Rue Saint-Denis, le soleil se levait à peine quand un grand type a fait irruption dans le bar désert où, comme une sorte de toupie, tu continuais à enchaîner notes après notes, arpèges après arpèges. Malgré la chaleur de l'été, le mystérieux visiteur portait un lourd manteau de laine, une casquette et des gants. À l'extérieur, un taxi l'attendait, dont la portière était restée ouverte.

Il t'a regardé intensément, les narines frémissantes, les mâchoires serrées. Tu lui as fait signe d'approcher. Tout en continuant à jouer, tu lui as tendu ta main droite. Il a refusé : « *I don't shake hands.* » « Parfait », as-tu répliqué de ta voix rocailleuse d'oiseau de nuit. Comme un animal surpris par le son d'une détonation, il a semblé désorienté tout à coup. Tu lui as fait signe de s'asseoir.

Évidemment, tout vous opposait. Lui, le dernier des Puritains, économe de son corps, hypocondriaque, mangeant peu, ne buvant que des jus de fruits, craignant les courants d'air comme tout contact physique et se dopant aux pilules. Toi, le dernier des Romantiques, avec ton physique de boxeur, tes manières de crooner, te dépensant sans mesure, te traitant à la dure, buvant comme un trou. Tous deux seuls, mais chacun à sa manière, prisonniers de l'ivoire. Toi ne pouvant te passer de la présence enivrante du public. Lui qui renoncera aux concerts parce que « le public, c'est le mal » et passant de plus en plus de temps en studio.

Oui, tout vous opposait, Glenn Gould et toi, et, pourtant, vous partagiez cette fascination pour le territoire nordique, symbolisé par le lac Simcoe pour lui et par la région de Mistassini pour toi. Humains atypiques, mutants non répertoriés, sorte d'amphibiens exilés dans le désert, le Nord représentait pour vous l'unique endroit où il était encore possible de vivre. Malheureusement, il s'agissait davantage d'une idée que d'un lieu comme tel. Une idée, comme celle de Dieu, le seul interlocuteur valable pour un musicien, et même lorsqu'il se dit athée (comme Gould), son seul lien avec le monde réel.

Oh, bien sûr, vous aviez chacun vos héros. Rach pour toi, Bach pour lui. Il était davantage porté sur la musique contemporaine. Mais vous vous rencontriez chez Beethoven. Et puis, vous vous entendiez pour affirmer que Mozart était mort trop tard ! Eh oui, Amadeus vous tapait sur le système, avec ses perruques, son piano-forte, ses habitudes mondaines. De fait, le petit poudré de Salzbourg était votre bête noire, votre ennemi, votre premier concurrent !

À l'opposé, Glenn et toi, vous vous considériez comme de vieux pionniers de l'Amérique sauvage. Des chercheurs d'or. Des prospecteurs d'aubes claires, respectueux des forces de la nature, attentifs aux conseils de la forêt. Dans votre amour inconsidéré pour le Nord, il y avait aussi votre besoin éperdu de silence. Cette vibration dans l'air, au-dessus d'un lac, quand le soleil tombe derrière les vinaigriers en feu et que les ouaouarons font entendre leur beuglement capricieux. Ah, la musique.

La Musique et le Silence. La Beauté et le Nord. Cette mythologie vous mettait pour toujours à part des autres. Je suis certain que Glenn Gould était le seul être au monde qui pouvait réellement te comprendre durant cette période difficile que fut ta vie adulte.

Gould venait tout juste d'enregistrer les *Variations Goldberg*, une interprétation magistrale qui avait fait de lui, à vingt-deux ans, une célébrité mondiale. Visionnaire, il savait déjà que sa vie serait une imposture. Car, plus que tout, Gould aurait voulu être compositeur. Or, intimidé par les géants des temps passés (Bach, Beethoven), il n'y arrivait pas. Mais il s'appliquera à faire oublier cette lacune pour se concentrer principalement sur ses talents d'interprète génial. Tu vois le topo : il a transformé son échec en triomphe alors que tu t'es appliqué à transformer ton triomphe en échec. Symétrie troublante.

Le Canadien réinventera Bach, Haendel et Beethoven. Il consacrera des milliers d'heures à l'enregistrement, avec le souci impérieux de survivre dans les mémoires, d'accéder à l'immortalité. Vingt ans plus tard, mission accomplie. Toujours vivant à Toronto, Gould est devenu une sorte d'icône, vénéré de plus en plus, en particulier par les Français qui, comme tu le sais, ont un goût prononcé pour les génies, les héros et les saints.

Gould veille donc à ce que ses merveilleuses interprétations soient accessibles aux générations futures. Toi, à l'opposé, tu ne conserves rien. De fait, sans tes parents qui ont longtemps agi comme archivistes, il ne resterait plus aucune trace de tes compositions.

Car tu es un créateur naturel et spontané. Comme tu ne peux t'en empêcher, tu composes. Mais la plupart du temps tu oublies de noter tes mélodies ou, si tu le fais, tu ne te soucies pas de ranger tes manuscrits. Quant aux enregistrements, hormis les 78 tours gravés à Paris, ils sont pratiquement inexistants. Pourtant, il aurait été facile pour toi d'avoir accès à un studio (un de tes amis en possédait un à Montréal), mais là encore tu n'as pas daigné t'en préoccuper.

Heureusement, bon nombre de tes musiques ont été préservées grâce à la tradition orale. Je t'ai mentionné ton ami Marcel Turgeon qui pouvait chanter *a cappella* une mélodie que tu avais composée jadis sur un poème de Verlaine intitulé *Green*. Bien qu'il n'existât aucune version écrite de cet air, le vieux ténor n'en a pas oublié une note.

Marion Beauchemin, de son côté, peut fredonner quelques mesures de *Mistassini*, ton poème symphonique en cinq tableaux dont il ne reste rien et dont certains doutent qu'il ait vraiment existé (Marion, à qui tu l'aurais joué au lendemain de la mort de ton père, jure que c'est un chef-d'œuvre « plus prenant encore que le *Concerto de Québec* »).

J'ai aussi recueilli le témoignage d'un homme qui prétend avoir fourni à Vic Vogel le thème qui a servi au *Chant d'adieu* de la cérémonie de clôture des Jeux olympiques de 1976. « J'ai cherché la musique dans ma tête, m'a-t-il dit, et je lui ai chanté. » Pour écrire la musique des Jeux à partir de tes compositions, ton chum Vic a écumé les bars. Il en a trouvé plusieurs partitions derrière les comptoirs et il s'est servi en partie de ce matériel griffonné à la hâte pour exécuter sa mission.

On raconte aussi qu'un jeune pianiste a découvert récemment un de tes *Préludes romantiques* dans la salle d'une académie de musique. C'est une religieuse qui te jouait au piano. Frappé par la beauté de cette musique, il a demandé qui en était l'auteur. « André Mathieu », a répondu la bonne sœur. Apparemment, il y a encore deux semaines, on pouvait entendre cet étudiant dans un restaurant du Plateau-Mont-Royal où il interprétait ton *Concerto pour violon et piano* en compagnie de son frère. Il n'y a pas eu de publicité et seulement quelques rares initiés étaient au courant de l'affaire. J'ai essayé d'y aller. Mais le restaurant avait fermé ses portes.

Ainsi, vieux, tu survis. Il s'agit peut-être là de ton dernier « miracle », de ton dernier coup de génie. À mon avis, tu savais que tu allais durer. Tu le savais depuis le début. Mais, parieur invétéré, tu as décidé de mettre ton immortalité au clou, en échange d'un peu de liberté. Ce petit jeu a failli nous coûter cher… à tous les deux.

Quatrième partie

Mistassini

10 janvier

Me voilà brouillé avec Robertine. Je sais, c'est à peine croyable. La bonne amie de Béa. Ma directrice de mémoire. Ma seconde mère. Pourtant, tout à l'heure, ça a bardé. Je sors de chez elle. Avec Alizé, elle s'est montrée gentille. C'est contre moi qu'elle s'est déchaînée.

Depuis que je la connais, je ne l'avais jamais vue dans un état pareil. Pourtant, je lui ai simplement demandé où se trouvait ton portrait. Nous savions qu'elle savait, lui ai-je déclaré. Nous avions obtenu des renseignements à cet effet (la note sur le pare-brise). Alors, pourquoi ne pas se mettre à table, étant donné notre intérêt pour le sujet ?

D'un air hautain, elle a essayé de me faire la leçon :

– Au lieu de chercher une peinture comme un abruti, tu devrais travailler et rédiger ta thèse.

– Sacrament, Robertine, c'est pas une peinture que je cherche, c'est le portrait de mon père !

C'était la première fois que j'évoquais nos liens devant elle. Malgré sa froideur, je m'attendais à ce qu'elle soit ébranlée. Eh bien, crois-le ou non, la Vidal n'a pas montré le moindre signe d'émotion. Pas un geste, pas un mot pour signifier qu'elle comprenait ce qu'un tel aveu signifiait. Rien. Son visage de cérébrale est resté de glace. Comme si tout ça était de la vieille histoire, ou du vent. À mon avis, elle est au courant de notre passé. Je te le dis, vieux, cette bonne femme en sait davantage sur moi que les registraires des dossiers civils.

J'aurais voulu qu'elle me comprenne, voire qu'elle me prenne dans ses bras. Au lieu de quoi, toujours sur le même ton condescendant, elle m'a lancé :

– Tu devrais te ressaisir, Aimé. Te voilà bien émotif.

– Émotif, ouais. Il est où le tableau, Robertine ? Dans ta collection personnelle ou tu l'as déjà refilé à un musée contre une réduction d'impôt ?

– Tu arrêtes tes insinuations, Aimé, sinon je te fous dehors.

– Il est où le tableau, hein ?

– Écoute, Aimé, ça suffit…

C'est là que ça s'est envenimé. Robertine m'a montré la porte. Je suis sorti en lui lançant que c'était la dernière fois qu'elle me voyait la fraise. Bref, je me suis emporté.

Pour mon mémoire, ai-je ajouté, je travaillerai avec son collègue Bernier, un type qu'elle ne peut supporter. « Au moins, lui, il est honnête ! »

Sur le balcon de sa belle maison d'Outremont, malgré le froid et sa petite chemise de soie, Robertine était rouge comme une betterave. Je la regardais et je la haïssais. En plus, elle avait gardé Alizé auprès d'elle comme si elle voulait la monter contre moi. Toutes les deux discutaient à dix degrés sous zéro, comme si elles n'avaient que ça à faire. Dégoûté, je me suis mis à courir. Au coin de Saint-Viateur, j'ai pris un taxi.

Au téléphone, tout à l'heure, Alizé m'a expliqué. La Vidal ne l'a pas prévenue contre moi. Elle l'a entretenue du tableau. Plus précisément, elle lui a demandé ceci :

– Qu'est-ce qu'il faisait, Léo, avec les portraits de ses amis ?

– Ce qu'il faisait ?

– Est-ce qu'il les vendait ?

– Non, a répondu Alizé. La plupart du temps, il les donnait à ceux qui avaient posé pour lui.

– Normalement, donc, le tableau aurait dû se retrouver entre les mains d'André Mathieu.

– Je suppose que oui.

– Alors, plutôt que de jouer les inquisiteurs dans mon salon, pourquoi ne pas essayer de répondre à la question suivante : qu'est-ce qu'André Mathieu a fait de son portrait peint par Léo Ayotte ?

12 janvier

Après le triste épisode chez Robertine Vidal, Alizé et moi avons décidé de faire une pause. Pendant quelques jours, on a cessé de se voir. De toute façon, je ne suis plus du monde. J'ai les nerfs à fleur de peau. Je pleure pour un rien. Robertine a raison, me voilà bien émotif. Sans que je m'en rende compte, ton histoire a commencé à me ronger.

Tu te souviens, au début de ce journal, je m'étais juré d'évacuer tout sentiment à ton propos. Je riais de ceux qui s'étaient écrasés devant ton souvenir. Eh bien, voilà que ça me rattrape. Heureusement qu'Alizé est là.

Car on s'est réconciliés… en se promettant de ne plus parler de toi. Mais ça ne faisait pas une demi-heure qu'on s'était retrouvés que déjà on s'interrogeait. Qu'avais-tu fait de ton portrait peint par Léo Ayotte ? Première hypothèse : tu l'as détruit dans un mouvement de rage, dans un sursaut d'amertume.

– Ben non, a dit Alizé, puisque je l'ai aperçu il y a un mois.

– Tu l'as aperçu en rêve, Alizé.

– Mais les rêves nous renseignent parfois davantage que les faits.

– D'accord. Reprenons. Mathieu l'a peut-être vendu un soir pour se procurer de la boisson ou de la drogue.

– Ça me surprendrait. On ne se débarrasse pas d'un tableau comme d'un bijou. C'est plus compliqué.

– Alors, il en a fait cadeau.

– Ah, c'est possible.

15 janvier

J'écoute le *Concerto en sol majeur pour piano et orchestre* de Maurice Ravel. Avec le *Concerto nº 3* de Rachmaninov et les *Variations symphoniques* de César Franck, c'était une de tes pièces préférées.

Ta ta poum poum poum poum. L'auteur du *Boléro* voulait démontrer qu'on pouvait s'éloigner de l'image dramatique à laquelle le terme de concerto est trop souvent rattaché.

Comme tu le soulignais dans une de tes chroniques, les première et troisième parties font penser à un « véritable feu d'artifice ». L'adagio, cependant, est d'une tout autre facture. On dirait un voyage dans l'au-delà. Dès les premières notes, écris-tu, « nous sommes transportés dans une contrée d'un calme poétique et apaisant où tout est d'une simplicité volontairement dépouillée ».

J'écoute donc l'andante du *Concerto* de Ravel. Les pas hésitants du piano me font penser à toi. Printemps 1958. L'image est un peu floue. Tu marches dans le petit matin enveloppé dans un nuage de pluie. Les mains dans les poches, tu traverses l'avenue du

Mont-Royal. Coin Saint-Hubert, tu pénètres dans un restaurant, le Montréal BBQ. Tu commandes un café. Avec des gestes lents, tu enlèves ton paletot, tu t'allumes une cigarette. Tu ne sais jamais d'avance comment tu vas passer la journée, ni où tu termineras la nuit.

Quand la flûte fait entendre ses premières notes, tu lèves doucement la tête au-dessus de tes journaux. Tes lèvres sont enflées. Tu portes des lunettes noires. Depuis quelque temps, tu ne sors jamais sans tes verres fumés. De jour comme de soir, à l'intérieur comme à l'extérieur, tu vois le monde à travers un écran noir.

Plus tard dans la journée, tu croises André Morin, un ami d'enfance. Vous vous rencontrez souvent au bar Le Caprice, rue Saint-Denis, autour d'une bière et d'une pizza froide. Cette nuit-là, il te demande si tu n'aurais pas « envie d'écrire quelque chose ». Morin habite chez ses parents, dans le quartier Notre-Dame-de-Grâce. Rue Beaconsfield, il y a un grand Mason & Hamelin dans le salon. « Si tu veux, te lance-t-il, tu es le bienvenu. »

À ton arrivée chez les Morin, tu dors durant trois jours. À ton réveil, tu prends une douche, tu avales quantité de jus d'orange (la boisson des dieux) et tu te mets au travail. Dans la cour, Morin père lave sa grosse voiture pendant que les voisins jettent un regard curieux en direction du rez-de-chaussée où tu tricotes tes mélodies.

Né en Nouvelle-Angleterre, Teddy Morin est représentant pour les thés Salada. Pendant longtemps, il a dirigé un orchestre de danse, le Teds Morin Orchestra. Il t'aime bien. De fait, il n'y a personne à Montréal qui ne voudrait pas que tu te reprennes, que tu réussisses, que tu nous reviennes... Six millions d'âmes qui attendent... encore.

Pendant trois semaines, tu ne t'éloignes pas du piano, tu ne touches à aucun verre d'alcool. Puis, un soir au souper, tu annonces : « Demain, j'ai une surprise pour vous. »

Les Morin se procurent du champagne. À l'heure dite, tu t'installes au piano à queue, ton ami à tes côtés comme tourneur de pages.

Devant la petite assemblée émue, tu joues ta *Rhapsodie romantique*, une œuvre qui, une fois terminée, totalisera une vingtaine de minutes. À un moment précis, comme tu attaques la partie de l'orchestre, tu te tournes vers ton compagnon et les yeux dans l'eau tu lui déclares :

« André, moi je ne l'entendrai jamais, mais toi tu vas l'entendre un jour et tu vas réaliser comme c'est beau. »

À la fin de ta prestation, les Morin t'ont serré à tour de rôle dans leurs bras. Tu as refusé le champagne. Puis tu es parti. Ils t'ont vu disparaître derrière les arbres, marchant de ton pas lourd. Laissant comme toujours un souvenir indélébile derrière toi.

C'est à cette époque qu'un jeune apprenti journaliste de dix-neuf ans, futur écrivain, demandait à te rencontrer. Étudiant au Collège Sainte-Marie, Jean-Claude Germain voulait t'interviewer pour le journal de son collège. Tu vivais avec une dame plus âgée, dans un demi-sous-sol de l'ouest de la ville. Il se souvient d'un piano désaccordé et du récit abracadabrant de ta vie, que tu lui as servi, a-t-il précisé, « illustré par le piano ». Il y avait beaucoup d'ironie dans tes propos, comme si tu étais « revenu de tout ».

À la fin, tu as demandé à Rose (c'était le nom de la dame) de chanter pendant que tu l'accompagnais au piano. Il y avait de l'alcool et du tabac en masse. « Tout à coup on était dans une pièce de Ionesco », m'a dit Germain.

Quelque temps plus tard, tu te maries… avec une autre. L'annonce de cette union a étonné tes amis, qui connaissent tes préjugés défavorables à l'égard du mariage. Le 22 octobre 1960, à la cathédrale de Joliette, tu épouses Mariange Massicotte, musicienne, orpheline. Le père Ambroise Lafortune bénit la cérémonie. Marcel Turgeon et une dame Villandré chantent l'*Ave Maria* de César Franck, accompagnés à l'orgue. Tes parents sont à tes côtés.

Je ne connais pas Mariange Massicotte, mais je l'imagine douce et attentionnée comme ma mère. Les nombreuses femmes qui t'ont côtoyé étaient émues par ton talent, touchées par ta sensualité animale, bouleversées par ta fragilité. Les plus âgées espéraient te transformer. Les plus jeunes rêvaient d'avoir un enfant avec toi, et elles étaient très nombreuses à vouloir partager ta vie.

Tu enseignes pour gagner de quoi vous faire vivre, ta femme et toi. Contrairement à ton père, tu n'es pas très doué pour ça. Les élèves t'énervent. Surtout les filles. « Parce qu'elles n'ont pas de talent », déclares-tu avec ta franchise coutumière.

Malgré l'anneau nuptial à ton doigt, tu poursuis ta vie vagabonde. Tu as un vieux fond de musicien ambulant. Quand tu étais petit, tu cognais à la porte des gens pour leur offrir de jouer contre quelques sous. Tu as conservé ce trait gitan. Nomade dans l'âme, tu demandes l'asile un peu partout, préférablement dans les maisons où il y a un piano (sous le couvercle, il y a toujours de la place pour une bouteille). Tu y passes quelques semaines, quelques mois, parfois une année.

Puis ton père meurt et tu reviens vivre un temps auprès de ta « petite mère ». Tu te lances alors dans la composition d'un drame lyrique inspiré du Cantique des cantiques, un travail ambitieux que tu intituleras *Mistassini*. Tu en joues quelques mesures aux Beauchemin, mère et fille.

Wilhemine est toujours aussi fière, mais elle est raide pauvre et doit mettre les bouchées doubles pour joindre les deux bouts. Elle accueille des enfants en pension chez elle. Elle enseigne un peu. Elle tire les cartes à ses voisins. Mais la plupart du temps, elle vit dans le passé. De toute façon, il n'y a plus d'autres endroits pour elle.

Le temps passe. *Est-ce qu'ils vont m'aimer ?* Tu ne te poses même plus la question, puisque plus personne ne veut de toi. Une marée noire t'envahit le cœur. Tu te souviens de la torpille. Cette fois, il semble bien qu'elle aura ta peau. Quand on s'approche de toi, on peut presque entendre le tumulte de ton naufrage. Une sorte de clapotis lugubre. Un bruit d'algues que l'on froisse. Le son étouffé de tes voiles gorgées d'eau. De temps en temps, quelqu'un essaie de te sortir de là. Mais comme tous les noyés, tu fais peur.

Tu marches dans les rues de la ville. Un mur invisible te sépare du monde extérieur. D'autant plus étanche que, de l'autre côté de tes lunettes noires, c'est la liesse alors que Montréal s'apprête à accueillir le monde entier à l'occasion d'une grande exposition universelle. L'événement coïncidera avec le 325e anniversaire de la ville et avec les cent ans de la Confédération canadienne. C'est surtout nous, les jeunes, qui profiterons d'Expo 67. Quant à toi, tu es comme l'étranger qui attend son visa pour rentrer chez lui. Une seule chose te retient encore, les accords de *Mistassini*, dont tu es le seul à connaître la couleur.

Parfois, tu as l'impression que ta vie est un mauvais rêve, qu'il te suffira d'ouvrir les yeux pour retrouver les applaudissements de ton public et le sourire de ta mère. Pour quelques instants, tu te remets à espérer. Tu cesses de boire, tu fréquentes les Lacordaire, tu fais un séjour en clinique, te retires dans un monastère. De Saint-Benoît-du-Lac, de Rouyn-Noranda, de Chicoutimi, tu écris à Minou que tout va bien et que tu t'apprêtes à reprendre ta carrière. Elle te croit, car sa raison de vivre est de croire en toi.

Tu es comme le Christ sur le Golgotha. À chaque pas, tu tombes et tu tombes encore, mais, à un moment donné, tu finiras par te relever. Ça doit être ça avoir la foi : persévérer. Aussi, quand, en avril 1967, ton ami André Morin, jeune conseiller du maire Jean Drapeau, se présente chez toi pour te proposer de participer à un grand concert dans le cadre du 325e anniversaire de la ville de Montréal, tu te tournes vers Minou : « Tu vois, maman, on avait raison de ne pas se décourager. »

Tu as trois semaines pour parachever ta *Rhapsodie romantique*. Comme il n'y a plus de piano chez toi, Morin s'est arrangé pour que tu puisses séjourner à l'école Vincent-d'Indy sous la bienveillante surveillance de sœur Eugénie. Parfois, dans les corridors, on t'entend chanter les parties de l'orchestre. Tu chantes mal, « comme un pingouin », prétendait ton père à la blague. Mais tu connais chaque instrument comme le fond de ta poche.

Le concert, qui sera diffusé en direct à la télévision, doit avoir lieu le 16 mai 1967 dans les studios de Terre des Hommes. L'orchestre sera sous la direction de Wilfrid Pelletier.

Certains ont prétendu que le maire Jean Drapeau tenait mordicus à ta participation à ce concert. Mais que les musiciens se seraient déclarés contre. « Ils n'avaient pas confiance », m'a confié Morin. Quant à Wilfrid Pelletier, il aurait joué les Ponce Pilate. « J'ai des réserves », aurait-il annoncé au maire après avoir reçu ta partition. Puis : « Si j'avais plus de temps, je ne dis pas… »

Après des jours et des nuits passés à travailler sans relâche dans ta petite chambre du couvent, le verdict est tombé. On ne voulait pas d'André Mathieu, de ses accords mélancoliques, de son génie usé, de ses mains fatiguées. On ne voulait pas de la présence culpabilisante du génie que nous avions assassiné. À la veille du plus grand party de notre histoire, on ne voulait pas de casseur de veillée.

André Morin s'en va t'annoncer la nouvelle à l'école Vincent-d'Indy. Il est six heures du soir. Arrivé au pied de ton lit, il te trouve endormi, un roman policier à tes côtés. La lumière est allumée. Sentant sa présence, tu bondis.

– Comment ça va ?, te demande-t-il prudemment.

– Je travaille.

– Écoute…

Tu ne l'as pas laissé finir.

– Morin, tu me donnes la vérité toute nue !

Alors, il t'a expliqué, se bornant à te transmettre la réaction des musiciens et omettant, pour ne pas aggraver ton chagrin, de mentionner l'attitude de Pelletier.

Tu étais debout à présent, rugissant et tournant en rond comme un ours en cage du haut de tes six pieds et de tes deux cents livres.

– Mon ami, as-tu conclu avec un soudain fatalisme, tu es encore le témoin de ma détresse et de mon triste sort. Je n'ai plus rien à faire ici. Je sors.

Et tu as quitté l'école Vincent-d'Indy, ses élèves et sœur Eugénie.

« C'était un coup très dur, m'a confié Morin, la déception ultime, le choc qui a contribué à le tuer. »

20 janvier

Je reviens de chez Jeanne, ta discrète, ton éternelle, ta fidèle Jeanne. C'est beau l'amour, dans les yeux d'une femme. L'amour, le respect, l'admiration. Pas étonnant que tu sois allé mourir chez elle.

Elle m'a tout dit. Elle ne m'a rien dit. Fidèle, jusqu'au bout. « Surtout, ne va pas croire ce qu'on raconte, a-t-elle insisté. Il était beau, c'est tout. Beau dans son être… »

Elle a sorti les Player's *plain*, la bouteille d'alcool à quarante degrés, le polo de laine bleue et les allumettes du Royal Cocktail Lounge. On s'est versé un verre, on a trinqué.

« Les hommes de mon temps, ils étaient plaignards, a-t-elle commencé. Pas lui. »

Jeanne ne te demandait rien. Elle se contentait de te tenir la main. Vos promenades en auto dans la ville illuminée duraient parfois toute la nuit. Quelques confidences, un baiser, un sourire. Le plus souvent, vous vous taisiez. « On était bien », résume-t-elle.

Elle se souvient de tes gestes lents et sensuels, de ta manière de fumer, de la façon dont tu enroulais ton foulard dans ta poche avant d'enlever ton manteau et de le suspendre sur un cintre. Elle se souvient qu'un jour, en la prenant dans tes bras, tu as chuchoté : « Si un jour je m'éveille, ne dis plus rien, ne dis plus rien. »

J'ai désigné les objets sur la table. Ça lui appartenait ? Oui. Le polo lui avait été offert par sa sœur. Il vivait ici ? Non. Il passait de temps en temps.

Elle sourit. Elle n'est pas jolie, la petite scripte de Radio-Canada ; pourtant, au cours de cette journée de l'automne 1967, tu reconnais tout de suite en elle la sœur, l'amie, l'ange gardien, la complice.

À la télévision de Radio-Canada, en cette année de l'Expo, un réalisateur a décidé de te consacrer une heure, même s'il se trouve certaines personnes dans l'entourage de l'émission *Jeunesse oblige* pour désapprouver cette « extravagance ».

– Pourquoi consacrer du temps d'antenne à un musicien qui, certes, fut brillant autrefois, mais dont plus personne ne se souvient ?

– On rapporte qu'il est complètement abruti, lance un autre. Qu'il est rendu à boire de l'alcool camphré...

– Comme compositeur, son père est beaucoup plus intéressant.

– D'ailleurs, c'est probablement le père qui a composé la musique qu'on lui attribue.

Cette rumeur, comme tu sais, fait partie des faussetés qu'on charrie sur ton compte depuis toujours. Heureusement, le réalisateur n'en croit pas un mot.

– Suffit ! tonne-t-il. Un tournage est prévu samedi, rue Saint-Hubert. Vous êtes tous tenus d'y assister. S'il y a un problème, nous annulerons l'émission, c'est tout.

Ce 4 novembre 1967, rue Saint-Hubert où ta mère habite désormais, tu reçois l'équipe de *Jeunesse oblige* en compagnie de Minou. On installe les caméras au salon. « *Stand by*, tout le monde en place. » Cheveux frais coupés, la mine soignée, tu réponds à toutes les questions. À part les lunettes noires qui te barrent le front (tu as préféré les conserver même si le réalisateur t'invitait à les enlever), tu n'as pas changé. Même voix éraillée, même bagout, même veston, même chemise blanche, même cravate et mêmes boutons de manchette que dans tes années… de vaches grasses. Au fait, à quand remonte ta gloire ? Plus personne ne le sait.

On t'invite à t'asseoir au piano. Gros plan sur tes mains fabuleuses. Derrière toi, ta mère. La tête penchée, elle t'écoute avec recueillement, avec ravissement. Elle aussi porte des lunettes noires. Curieuse cette façon dont vous usez, elle et toi, des couleurs du piano. Du temps de ta jeunesse éblouissante, les soirs de première et jusqu'au début de l'adolescence, vous portiez immanquablement le blanc. Maintenant, c'est de noir que vous vous drapez, jusqu'aux yeux.

Pour un « abruti », tu t'en es fort bien tiré. De fait, tu as troublé l'équipe avec ta gentillesse, ton humilité, ton sens de l'humour. « C'est affreux de laisser dépérir un gars comme ça, murmurent les techniciens entre les prises. Il est alcoolique, c'est certain. Est-ce une raison pour le rejeter ? »

Pendant qu'on change les bobines, dans la salle à manger, avec le réalisateur, vous feuilletez les scrapbooks : André à cinq ans, André à huit ans, à dix ans.

« Est-ce que j'ai tant changé ? », demandes-tu à la scripte. La question bouleverse ta mère, qui éclate en sanglots. Moment déchirant qui restera hors du champ de la caméra.

Le tournage reprend. On te fait répéter ton histoire. On t'interroge sur tes compositeurs préférés. Tu énumères les plus grands, Bach, Beethoven, Ravel, Debussy. Étrangement, tu omets d'inclure Rachmaninov. Mais comme tu l'as déjà spécifié (dans le numéro de mars 1952 de *Place publique*), « les compositeurs n'aiment pas mentionner leur parenté en art parce qu'il y a des critiques à l'esprit de famille un peu trop développé. Ils s'emparent des généalogies et dressent des portraits de famille. Du point de vue du créateur, c'est absurde. Il y a certes des copieurs, mais le véritable artiste regarde en avant. Son œuvre ne s'explique pas par telle ou telle ressemblance, mais au contraire par sa différence. »

Sur la musique contemporaine, que tu appelles la « musique par équations », tu répètes ce que tu as toujours maintenu, à savoir que « ces bruits ne méritent pas d'être appelés de la musique ». Quant à l'enseignement, tu confirmes tes réticences sur un ton ironique. « Des gens viennent me voir : " Voulez-vous m'apprendre *La Polonaise* de Chopin ? " Comme s'il n'y en avait qu'une… Il en a composé douze ! Va pour l'enseignement… pour autant que je puisse compter sur un élève réceptif. »

Ta diction un peu molle tranche avec la fermeté de tes propos. C'est le seul signe qui trahisse ta lassitude. Car tu t'exprimes avec aplomb. Contrairement à bien des gens et à tes détracteurs, tu sais qui tu es. Simplement, comme un astronaute lâché dans l'espace, tu as perdu le contact avec ta base. Dans le no man's land où tu es parqué, tu manques d'air, tu manques d'amis, tu manques de tout. Il te faudrait un autre espace-temps. Tu n'as plus rien à faire ici.

Tu détestes l'expression « petit génie ». « Je préfère " grand génie " », ironiseras-tu en privé avec Jeanne. Tu ne peux souffrir non plus l'évocation du « Mozart canadien ». C'est qu'on ne cesse jamais de te présenter comme celui qui fut. On te conjugue au passé. Ce que tu fais n'intéresse plus.

Néanmoins, tu réussis au cours de l'entrevue à glisser quelques phrases sur *Mistassini*, le poème symphonique sur lequel tu travailles « depuis deux ans ». « Je veux exprimer toute l'immensité et la beauté de cette région que bien peu de Montréalais connaissent, précises-tu avec émotion. Mais moi je la connais [cette région]. Je l'ai survolée. Je l'ai parcourue à pied et c'est cette beauté que j'ai voulu exprimer dans ma musique. »

Mistassini, Chambord, Péribonka, Ashuapmushuan, Chicoutimi, Alma, Métabetchouan, Chibouchibiche, Dolbeau, Chibougamau : les paysages nordiques t'inspirent un respect quasi religieux. Odeur de glace et de gibier. Pays de lacs, de truites et de rivières. On retrouve dans cet amour de la nature sauvage ta fascination pour l'eau. C'est ici, entre les sentinelles formées par les blocs erratiques et les épinettes noires, dans cette toundra visitée par les seuls Indiens nomades, dans des vallées nées de la fonte des glaciers, que les dieux transmettent leur sagesse aux hommes. C'est dans ces terres desséchées par le froid que les géants viennent mourir.

À trente-cinq ans, tu te diriges vers Mistassini comme un trappeur s'en va lever ses derniers pièges. Tu n'en reviendras pas. Qu'importe, puisque tu peux désormais te passer de boussole. Tu n'as plus besoin non plus de credo artistique. Pour aller où tu vas, il te suffit de suivre le cours des eaux noires et le tracé des constellations boréales. Pour transmettre ce en quoi tu crois, il te suffit d'évoquer *Mistassini*.

25 janvier

Où est passé ton portrait ? La question continue de nous tarabuster, Alizé et moi. De deux choses l'une. Ou bien le tableau n'a jamais quitté l'atelier de Léo. Ou bien, soutient Alizé, tu l'as offert à l'être qui a le plus compté pour toi, à celle qui t'a fait un enfant, à celle qui a entamé ta suite, qui t'a donné un avenir. Bref, a déclaré Alizé, tu as donné ton portrait à Béa.

Nous étions au restaurant. Nous avions bu et son idée m'a fait rire. Je n'étais pas du tout convaincu.

« Rappelle-toi, a-t-elle plaidé, ta mère t'a longtemps caché tes origines. Le compositeur André Mathieu, elle ne voulait plus en entendre parler. Sans doute qu'en l'abandonnant ton petit père n'avait pas respecté ses promesses envers elle. Alors, pour se venger, elle s'est débarrassée du tableau. »

Je riais encore plus. « Eh bien, tu as de l'imagination », ai-je lancé à ma douce.

Vexée, elle s'est levée pour se diriger vers le téléphone public au fond de la salle à manger. Pendant qu'elle composait le numéro, j'ai compris qu'elle tentait de joindre Robertine Vidal.

Quand elle est revenue au bout de quelques minutes, un drôle de sourire aux lèvres, j'ai eu peur.

– Dis-moi que c'est une blague, ai-je lancé.

– Tu veux la vérité, oui ou non ?

– O.K. *Shoote* !

– Aimé, tu as passé toute ton enfance avec le portrait d'André Mathieu dans ton placard.

– Impossible...

– Le tableau de Léo a été entreposé chez ta mère, et plus précisément dans ta garde-robe, avec ta mitte de base-ball, tes échasses et tes GI Joe.

– Enveloppé dans du papier brun, me suis-je souvenu, retenu par une ficelle...

– Et tu n'as jamais pris la peine de te demander ce qu'il y avait là-dessous ?

– Pourquoi l'aurais-je fait ?

– Par devoir. Par amour. Pour savoir.

– Et maintenant ?

– Robertine soutient que Béa lui avait fait promettre de ne rien révéler à ce sujet. À la fin, comme elle te sentait curieux, ta mère a décidé d'agir.

– Qu'a-t-elle fait ?

– Robertine ne peut le dire avec précision, mais elle se souvient que ta mère lui avait demandé de lui suggérer le nom d'un marchand de tableaux.

– Un marchand d'art. Lequel ?

Alizé m'a tendu la feuille où elle venait d'inscrire l'adresse et le numéro de téléphone d'une galerie de la rue Sherbrooke Ouest.

2 février

Ton dernier concert. Au Ritz Carlton. À neuf heures du soir. Trente-trois ans presque jour pour jour séparent cette ultime prestation de ton premier récital, au même endroit, à l'âge de six ans.

En première partie, René de Chantal, doyen de la faculté des lettres de l'Université de Montréal, livrera une conférence sur « L'amour chez Marcel Proust ». Après l'entracte de dix minutes, tu t'installeras devant le piano. Tu attaqueras avec *Les Mouettes* que tu as composé sur le *Normandie*, le grand paquebot blanc qui te ramenait de Paris, avant la guerre.

Ce jeudi, 25 janvier 1968, tu allonges tes mains au-dessus du clavier. Une touche blanche. Une touche noire. Trente-trois ans de vie publique. Ça passe vite quand on y pense.

L'auditoire est clairsemé. Proust n'a pas tant d'admirateurs. Quant à toi, comme tu l'indiques à Andréanne Lafond dans une entrevue à la radio de Radio-Canada le 2 février suivant, tu donnes des concerts de temps en temps, « simplement pour prouver que [tu n'es] pas mort ».

« Je suis retourné sur les lieux de mes débuts », expliques-tu encore. En fait, il ne s'agit pas de ta toute dernière apparition publique puisque tu reviendras sur cette scène du Ritz, le 18 avril suivant. Qu'importe puisque la mathématique reste la même. Trente-trois ans de vie publique. Tes mains, une dernière fois, se soulèvent. Ces mains qui ont aimé, donné, souffert. Ces mains dont on dira bientôt qu'elles constituaient « l'espoir du Canada français ». Ces mains qui vont disparaître dans l'indifférence presque générale.

Une touche blanche. Une touche noire. Ça passe vite quand on y pense.

Pour ces deux derniers concerts, aucun critique ne s'est déplacé. Pourtant, cet hiver-là, tu présentais pour la première fois la version piano de ta *Rhapsodie romantique* que tu avais composée chez André Morin et dont Montréal n'a pas voulu pour son 325e anniversaire.

Les derniers mois ont été éprouvants. Un concert à Drummondville a dû être annulé à cause d'un nombre insuffisant de billets vendus. Et malgré le succès relatif de l'émission *Jeunesse oblige*, aucune proposition ne t'est parvenue depuis des mois. Alors que d'autres dirigent des orchestres, signent des arrangements pour la télévision ou animent leur propre émission à la radio, tu n'as absolument aucun contrat à ton nom.

En dépit de toutes les rebuffades, de toutes les trahisons, la nécessité de faire de la musique est toujours là. À Andréanne Lafond, tu évoques une deuxième carrière. « L'année 1968 sera la mienne. » Tu as l'intention d'ouvrir une école de musique. Tu vas reprendre les tournées Mathieu. « J'ai cessé d'être un enfant. Génie, c'est un grand mot. C'est une longue patience. »

Tu vas avoir trente-neuf ans. Tu as beau te déclarer optimiste, tu ne te fais pas d'illusions. Si tu évoques l'avenir avec un sourire, c'est par politesse. Comme on le répète souvent, un homme qui sait qu'il va mourir met de l'ordre autour de lui. Il se couche de bonne heure. Il arrête de boire. Il se fait couper les cheveux. Mais au fond de lui-même, il a commencé à compter les heures qui le séparent du tombeau.

Du 2 janvier au 2 juin 1968, tu passes tes derniers mois à l'ombre. À l'ombre de ton fabuleux passé, à l'ombre de l'avenir que tu n'auras pas, à l'ombre des autres qui ne te voient pas. Tu fredonnes les paroles d'un nocturne que tu as composé :

Et si un jour je m'éveille
Je souhaiterais toujours avoir rêvé
Oh toi ma vérité, ne me dis plus rien
Ne me dis plus rien

Tu es devenu aussi anonyme que l'arbre qui coiffera tes restes, André de Montréal. Tu te confonds avec le vent, avec le chant des oiseaux.

Je ne mentionne pas ta santé qui se détériore à vue d'œil. Tu es fait fort, mais il y a des limites à ce qu'un homme peut endurer. L'alcool, le chagrin, les nuits sans sommeil, tout cela a fini par te taxer.

Jeanne m'a remis le roman que tu avais annoté durant les dernières semaines de ta « longue patience ». Je parle de *La Voie royale* d'André Malraux, un livre paru en 1930. Dans ce récit partiellement autobiographique, l'auteur de *La Condition humaine* retrace son fameux périple en Indochine, une sorte de voyage au bout de la nuit au cours duquel il fut emprisonné pour vol de statues. Un récit où, pour reprendre les mots du préfacier, « Malraux associe l'insoumission de l'aventurier à celle de l'artiste ». Un roman qui évoque « le problème moral que le geste d'autodestruction soulève dans notre culture ».

Choisir sa mort. Voilà ce qui te préoccupe au soir de ta vie trop brève. Dans l'édition du Livre de Poche que Jeanne a conservée, le roman fait moins de deux cents pages. Parmi la dizaine de passages que tu as relevés, je note ceci: « Se libérer de cette vie livrée à l'espoir et aux songes, échapper à ce paquebot passif ! »

Une réflexion qu'il faut sans doute mettre en parallèle avec celle qui suit, à savoir que « c'est quand on déchoit qu'il faut se tuer, mais c'est quand on déchoit qu'on aime de nouveau la vie ».

Et enfin cette phrase qui résume tout : « Vous ne savez pas ce que c'est que le destin limité, irréfutable, qui tombe sur vous comme un règlement sur un prisonnier : la certitude que vous serez cela et pas autre chose, que vous *aurez été* cela et pas autre chose, que ce que vous n'avez pas eu, vous ne l'aurez jamais. »

Le désespoir. Les regrets et les larmes. Mais aussi l'amour de la vie et ces sursauts d'enthousiasme qui te poussaient à déclarer « O.K., on recommence » au moment même où tu te trouvais au fond du baril. Ces poussées de fièvre créatrice revenaient sans cesse et auraient pu te sauver. Mais il y avait toujours des vents contraires qui te rabattaient au sol. À la fin, tu as succombé.

Je t'aime davantage durant ces derniers jours qu'au cours de ta jeunesse éblouissante. J'aurais voulu être auprès de toi, durant ce printemps 1968. Je serais allé te chercher avec la petite R5 d'Alizé. « Envoye, monte », que je t'aurais dit. On s'en va en Californie. Ou à Hawaii. En tout cas, loin d'ici.

5 février

Enfin quelqu'un qui a vu le tableau d'Ayotte ! Et qui peut nous en parler.

Spécialiste de l'art canadien, Bernard L'Archevêque est le directeur de la Galerie L'Archevêque, rue Sherbrooke Ouest. C'est un homme d'un certain âge, bien mis, avec des cheveux teints, qui s'exprime avec lenteur.

« J'ai bien connu votre professeur », a-t-il dit en saluant Alizé. Je suis allé souvent à son atelier de la rue Saint-Christophe. C'est même moi qui lui ai offert sa première rétrospective. Il était tellement heureux qu'il s'était mis à pleurer.

– Le portrait d'André Mathieu faisait-il partie de l'exposition ?

– Non. Par contre, j'ai eu la chance de bien examiner ce tableau. C'est une réussite. Aucun doute dans mon esprit à ce sujet. À quel moment et dans quelles circonstances me suis-je penché sur ce tableau, je ne m'en souviens plus.

– Et Léo ?

– Il m'a longuement entretenu de son amitié avec André Mathieu et, si ma mémoire est bonne, Léo était présent lorsque j'ai pris connaissance du tableau. Je lui ai d'ailleurs dit : « Mon cher, cette fois, tu t'es surpassé ! »

– Avez-vous jamais revu le portrait par la suite ? ai-je demandé.

– Jamais.

– Personne n'a fait appel à vous pour une évaluation ou pour un achat ?

– …

– Essayez de vous souvenir, a renchéri Alizé. Selon ce qu'on a appris, une femme serait venue ici dans l'espoir de vous le vendre, sans doute au tournant des années soixante-dix. Cette femme s'appelait Béatrice Laliberté.

– On m'a en effet sollicité à ce propos durant ces années-là. Mais la requête ne venait pas de Mme Laliberté.

– De qui alors ?

– De quelqu'un que vous connaissez bien.

– Ah.

– Robertine Vidal.

– Alors, c'est vous ?, a lancé Alizé.

– Oui, c'est moi qui ai déposé la note sur votre pare-brise. J'étais au vernissage de votre amie au Centre d'art de l'île aux Canards le mois dernier. Quand je vous ai vue implorer les garçons du D'Avignon au sujet de ce tableau, j'ai eu pitié. J'ai cru que Robertine pourrait vous renseigner, mais voilà que mon petit geste vous ramène vers moi.

– Pourquoi Robertine ?

– Parce que c'est elle qui a pris contact avec moi il y a une dizaine d'années à propos du portrait d'André Mathieu. Elle savait que je connaissais cette pièce. Elle voulait savoir combien j'étais prêt à en donner.

– Vous avez discuté de prix ?

– Étant donné l'importance historique du sujet et la qualité du tableau, je pensais trouver un acheteur pour dix mille dollars. Robertine a semblé satisfaite. Elle a dit : « O.K., je t'envoie une amie. »

– Et puis ?

– Il n'est jamais venu personne.

12 février

Ta dernière journée. Un mystère. Les dernières personnes à qui tu t'es adressé. Un mystère. Les dernières paroles que tu as prononcées. Un mystère aussi.

Il avait été convenu avec Jeanne que tu passerais chez elle au cours de l'après-midi. Ce jour-là, elle avait l'intention de rendre visite à une cousine dans le Richelieu. Tu as dit : « De toute façon, j'ai la clé. Je viendrai me reposer. »

Ce dimanche pluvieux du 2 juin 1968, en quittant son appartement le matin, Jeanne te laisse un mot : « Je reviens dimanche soir ; si c'est possible un peu avant. À bientôt XXX Jeanne. »

Vers dix heures du soir, quand Jeanne, de retour de chez sa parente, gare sa petite voiture devant le 5591 de la rue Gatineau, elle aperçoit le concierge, M. Tremblay, qui prend l'air sur sa galerie. Elle monte jusqu'au troisième, au numéro 11 où se trouve son petit trois et demie.

En ouvrant la porte, elle constate que toutes les lumières sont éteintes. L'éclairage en provenance du corridor lui permet néanmoins d'apercevoir ton veston sur le fauteuil. Elle se dirige vers la chambre. Tu es étendu sur le lit à une place, tout habillé, la cravate nouée, la tête sur l'oreiller, un livre à tes côtés, l'air apaisé, « comme endormi ».

Tes mains sont repliées sur ta poitrine. Ces mains dont on disait qu'elles étaient « l'avenir du Canada français » et qui se sont tues. Ces mains qui ont chanté, qui ont pleuré, qui ont accouché d'une musique unique.

Elle avertit le concierge, qui appelle la police. On étend ton corps sur le plancher. Quelqu'un tente de te réanimer. En vain. Dépêché sur les lieux, un médecin constate le décès. Ta mère se présente ensuite, accompagnée d'une amie.

Il n'y a plus rien à faire. Ton corps est transporté à la morgue. Ta mère est effondrée.

Ce soir-là, ou le soir suivant, on annonce ta mort à la radio. Un peuple soudain prend conscience. De quoi ? Le sentiment est encore confus. Un de tes proches m'a raconté qu'il avait passé la nuit au volant de sa voiture, faisant sans cesse le circuit autour de la chambre froide où tu te trouvais. Il pensait : enfin, il est en paix. Mais de son côté, il n'arrivait pas à trouver le sommeil.

Dans les journaux, on a évoqué ton passé d'enfant prodige, mais on se trompe immanquablement sur ton âge. Peu à peu, on se rend compte. Tu es l'étranger à qui on a fermé la porte, le passant à qui on a refusé le pain, le frère qu'on a trahi.

J'imagine les femmes qui ont pris ton beau visage dans leurs mains, et Béa peut-être parmi elles, entrant furtivement dans une église, se signant, allumant un cierge, portant un mouchoir à leurs lèvres. J'imagine sœur Eugénie se dirigeant tristement vers le piano pour jouer une étude que personne n'entendra. J'imagine ta mère, j'imagine ta sœur, j'imagine ta tante Manille qui feuillette des albums aux pages jaunies, j'imagine tes copains du Café Caprice. J'imagine les chefs d'orchestre, les directeurs musicaux, les patrons de la radio accablés. « Mon Dieu, qu'avons-nous fait ? » J'entends les cinéastes, les poètes, les rêveurs et tous les génies de sept ans: est-ce le traitement qu'on nous réservera ?

J'essaie de me souvenir où je me trouvais le 2 juin 1968, durant une de ces longues soirées qui précèdent le solstice d'été. Rien. Je ne peux non plus te renseigner sur la réaction de Béa. En fait, on n'en a jamais discuté, elle et moi. Étais-tu mort d'une crise cardiaque comme on le prétendait ? Avais-tu toi-même tiré la *plug* ? Avais-tu été assassiné ? À partir du moment où on a retrouvé ton corps dans l'appartement de Jeanne, les rumeurs n'ont jamais cessé de circuler. Le fait que le rapport de police se soit perdu n'a pas aidé. On t'a toujours pris pour le Christ. Alors, pourquoi n'aurais-tu pas été crucifié ?

Les curieux étaient nombreux lors de tes funérailles à la cathédrale Marie-Reine-du-Monde, le 6 juin. Comme pour les obsèques d'Elvis Presley (le King est mort il y a deux ans), il y avait un défilé de majorettes, une fanfare, des caméras et une tonne de fleurs. La foule, rapporte-t-on, a suivi ton cercueil jusqu'au cimetière Notre-Dame-des-Neiges, devant cette pierre tombale où ton nom n'apparaîtra pas. Quant à ta musique, je crois savoir qu'on a joué ta marche funèbre.

On n'a jamais retrouvé *Mistassini*.

Postface

Printemps 2007

Je rentre de Chine où j'ai passé huit ans. Auparavant, j'ai vécu aux États-Unis et j'ai enseigné sur la Côte-Nord. Je suis resté absent de Montréal plus de vingt-cinq ans.

À mon départ, en 1981, j'avais entreposé le contenu de ma bibliothèque chez un ami. Des livres, mais aussi de la correspondance, des carnets et des travaux universitaires dont l'intérêt restait tout à fait limité, mais qu'à l'époque je n'arrivais pas à détruire.

En reprenant possession de ce matériel la semaine dernière, j'ai retrouvé mon journal. Ainsi, tu étais toujours là, dans les pages de ce petit face-à-face amical où j'essayais de t'imaginer comme artiste, comme héros, comme père. N'avais-je pas mieux à faire que de dialoguer avec un fantôme ? Comme me l'a conseillé un ami américain à qui j'évoquais cette incessante odyssée : « *Get a life, man.* »

J'ai feuilleté les documents de ma recherche, les programmes de concerts, les critiques, les photos, les transcriptions d'entrevues, les mots d'encouragement d'Alizé, ton fox-trot. J'allais mettre l'épais dossier de côté lorsque je suis tombé sur la coupure de presse avec Léo posant à côté de ton portrait.

Le précieux tableau avec lequel j'ai vécu toute mon enfance et que, par ignorance ou bêtise, j'ai laissé filer. Mon héritage. Le symbole de ce qui aurait pu être, de ce qui aurait pu nous arriver. Et voilà, ai-je pensé, huit ans en Chine, treize ans en Californie n'ont pas réussi à t'éradiquer de ma vie. Peut-être parce que cette image reste le chaînon manquant de nos rêves.

Après notre entrevue avec Bernard L'Archevêque, dans la galerie qui porte son nom rue Sherbrooke, à Montréal, Alizé et moi avons décidé de déposer les armes. Nous avions épuisé les pistes, celles-ci débouchaient sur un cul-de-sac. Nous ne savions même pas si tu avais un jour ou l'autre pris possession de ton portrait. Sans le tableau, je me sentais incapable d'écrire sur toi. C'était peut-être un prétexte pour te laisser tomber. De toute façon, j'étouffais à l'université.

J'ai pris un bus pour New York et, de là, j'ai rejoint des amis en Californie qui travaillaient dans l'informatique. Avec eux, je me suis initié à la programmation sur ordinateur, j'ai rempli quelques contrats pour des compagnies de traitement de l'image.

De son côté, Alizé est allée peindre en Gaspésie. Elle a ouvert une école d'art à Rivière-au-Renard où elle possède toujours son atelier. De retour de San Francisco, j'ai pensé aller m'installer non loin de chez elle. J'avais franchi le cap des quarante ans, j'éprouvais le besoin de me poser. C'est à ce moment qu'on m'a offert un poste sur la Côte-Nord. Pour mon plus grand bonheur, j'ai accepté. Pendant cinq ans, j'ai enseigné l'informatique aux Montagnais de La Romaine. Tu aurais aimé me voir là-bas, pêchant avec mes amis les Amérindiens, chassant, mangeant, vivant avec eux. Comme tu peux l'imaginer, le véritable enseignement, ce sont eux qui me l'ont donné. J'ai appris davantage de mes amis montagnais que je ne l'avais fait durant toute mon odyssée américaine.

En 2000, la petite compagnie qui m'employait a ouvert une école en Chine. On m'a proposé de partir pour Shanghai et, dix jours plus tard, je m'y installais. Oui, monsieur, la Chine en direct de Maliotenam ! Dépaysement, déracinement, j'ai vécu là-bas dans une sorte de bulle, parmi les expatriés. Je n'ai jamais appris le cantonais, mais j'ai voyagé suffisamment dans le pays pour appréhender ne serait-ce qu'une parcelle de ce mystère que constitue la Chine. Mes étudiants parlaient tous anglais. C'étaient des cracks qui apprenaient très vite. J'ai essayé d'être un bon prof. Je crois y être parvenu.

Au début, je leur donnais les cours d'initiation aux logiciels de bureautique. Les étudiants voulaient également s'attaquer au dessin sur ordinateur et, à partir de là, leur soif ne connaissait plus de limites. Dans un pays où tout reste à faire, il faut s'adapter, quitte à acquérir de nouvelles expertises, de nouvelles idées. Devant une demande toujours croissante, l'école a pris de l'expansion et son orientation s'est modifiée. On m'a demandé de livrer deux cours sur l'histoire de l'art en Occident, le premier sur la peinture, le second sur la musique. J'ai fouillé les encyclopédies, fait le plein de musiques et d'images. J'étais un peu nerveux. Et pour cause, j'avais beau multiplier les trouvailles, bien souvent mes étudiants me devançaient. Sur les Impressionnistes, ils étaient incollables.

Côté musique, c'était pire. Il y avait dans mon groupe quelques mélomanes avertis. Des spécialistes des mélodies élégantes d'Ernest Chausson ou des œuvres pour orgue de Gabriel Fauré. Comparativement aux gens de Pékin, les habitants de Shanghai sont souvent décrits comme des méridionaux, des sentimentaux. Cela se reflète dans leurs goûts musicaux. En général, mes étudiants avaient un faible pour les musiques lyriques, les compositeurs romantiques – la plupart entretenaient une véritable dévotion pour Chopin et Tchaïkovski.

Un jour, j'ai décidé de les surprendre. J'ai apporté en classe l'enregistrement de ton *Concerto de Québec* par Alain Lefèvre, un pianiste de Montréal qui s'est donné pour mission de te tirer de l'oubli. Alizé m'a fait parvenir le CD de la compagnie Analekta où Lefèvre se produit avec l'Orchestre symphonique de Québec sous la direction de Yoav Talmi. Une interprétation brillante, digne de toute la ferveur que ce jeune musicien a pour toi.

Mes petits futés ont écouté la pièce avec la plus grande attention. « Alors, de qui s'agit-il ? », leur ai-je demandé à la fin de l'audition. Une jeune fille a risqué le nom de Rachmaninov. Un de mes préférés a prononcé celui d'Addinsell. La plupart regardaient leurs chaussures, honteux, comme me l'a expliqué l'un d'eux, « de ne pouvoir identifier un tel maître ». Je leur ai proposé une seconde écoute. « Cette fois, leur ai-je suggéré, oubliez le contexte scolaire dans lequel nous nous trouvons, pour vous abandonner complètement à la musique. » La réaction fut immédiate, je dirais presque épidermique. Dès la fin du premier mouvement, quelques yeux se sont embués. Tous étaient bouleversés.

Ainsi, tu avais traversé la mer de Chine ! J'étais fier de toi.

***

« Portrait du jeune pianiste compositeur André Mathieu par le peintre montréalais Léo Ayotte que l'on voit ici auprès de sa toile. » Une semaine après mon retour de Shanghai, je revoyais cette photo avec des yeux différents. Cette façon que vous avez Léo et toi, de défier l'avenir. On dirait un fantassin avec son jeune maître. Un vizir aux côtés de son roi. Comme si Léo avait été mandaté pour te préparer pour une grande cérémonie dans les murs de la Cité interdite. Cette scène avait à présent pour moi un charme et des traits… chinois !

J'ai ouvert mon portable, je suis allé sur Internet, et j'ai tapé le nom de Léo Ayotte. Aussitôt, un fragment de texte est apparu sous mes yeux : « Léo AYOTTE, Portrait d'un homme, Non daté, Huile sur toile, 88,7 × 75 cm. »

Cet homme non daté… Je savais que c'était toi. J'ai cliqué encore une fois. Je me trouvais dans un musée virtuel. En haut de la page, cette recommandation : « Cette réserve contient 100 images, patientez pour le téléchargement, l'attente en vaut la peine. »

Je n'ai pas eu à patienter très longtemps. Deux secondes tout au plus et tu as surgi sur mon écran, tel que Léo t'avait représenté, avec ton front haut, ton menton décidé, ton regard vainqueur. Ainsi, tu m'attendais dans le cyberespace. Pour la première fois, même si elles n'étaient pas très claires, j'ai pu me faire une idée de l'éclat des couleurs dans lesquelles Léo t'avait paré. Ce pourpre, cet orangé, chinois, je te dis...

Portrait d'un homme... J'ai scruté l'image. *Printemps canadien.* C'était bien ça...

J'ai noté le nom du musée (réel cette fois) où le tableau était conservé.

Au musée, on a dirigé mon appel au bureau de la directrice des collections. Le tableau *Portrait d'un homme*, a-t-elle précisé, ou *Portrait d'un jeune homme* ou *Portrait d'un garçon* était bel et bien dans leur réserve parmi les vingt-six mille objets répertoriés. Depuis quand s'y trouvait-il ?

– La pièce a été acquise en 1991, Monsieur, par voie de dons.

J'ai retenu mon souffle.

– Puis-je savoir qui a fait ce don ?

– Désolé, Monsieur, une telle information est confidentielle. Si vous voulez, nous pouvons adresser une demande au donateur. En cas de réponse positive, nous vous le ferons savoir. En attendant, nous ne sommes pas autorisés à divulguer son nom.

– Pourrais-je voir le tableau ?

– Comme je vous l'ai expliqué, la toile est dans notre réserve. Il est toujours possible de prendre rendez-vous.

Ce qui fut fait.

Durant notre conversation, ton nom n'avait pas été prononcé une seule fois. J'en ai déduit que les autorités du musée ignoraient qu'il s'agissait de toi sur le tableau. Pourtant, les indices sont très nets. Ton nom est même inscrit au bas de la toile, sous le titre de la partition. Imagine-t-on un portrait de Claude Debussy croupissant dans la réserve d'un musée du nord de la France ? Comme quoi, en 2007, le chemin qui te conduit à la reconnaissance est encore parsemé d'embûches.

Heureusement, les œuvres d'art ont leur propre génie, ce qui leur permet parfois de déjouer la mesquinerie et la petitesse des hommes. Ainsi en est-il du tableau de Léo qui, comme par magie, est allé se poser dans ce territoire où tu aurais souhaité être inhumé, je parle bien sûr du pays de Mistassini.

Eh oui, ton portrait se trouve au cœur de cette région de lacs et de rivières où tu as planté ta dernière œuvre, ce pays du bon Dieu que tu as survolé et que tu as traversé à pied, où tu te sentais en étroite communication avec les lois fondamentales de l'univers.

Eh oui, ton portrait peint par Léo Ayotte se trouve au…

Attends. Laisse-moi te raconter. Quand j'ai pris la route, hier matin, je me sentais soulagé. J'allais entreprendre la dernière étape de mon périple. Un voyage libérateur qui fut marqué par la couleur changeante du ciel et le frémissement presque métallique des feuilles dans les arbres. En effet, à mesure que ma Ford Escort s'enfonçait vers le nord, l'air devenait plus transparent, la nature plus tendre.

Partout, de chaque côté du lacet de bitume pris d'assaut par les poids lourds, des lacs millénaires creusés par la fonte des glaciers reflétaient l'étoffe déchirée des nuages. Il y avait aussi des paysages plus sombres, traversés par les chants plaintifs des animaux sauvages : marais hérissés de brûlis, au-dessus desquels planait une sorte de brouillard glacé. Le pays des songes. Où tu étais finalement enterré.

Je suis arrivé à Chicoutimi vers onze heures. La directrice des collections m'attendait. Le musée est situé dans une ancienne pulperie.

J'ai oublié de te préciser que la responsable des collections et de la recherche au musée de La Pulperie est une stagiaire française qui remplace la titulaire du poste en congé de maternité. Valérie m'a d'abord semblé un peu tatillonne, en particulier pour ce qui concerne les règlements. Mais passé ce trait de caractère, c'est une personne très sensible et très compétente. Amoureuse de son métier. Amoureuse du pays de Mistassini.

Nous nous sommes installés de part et d'autre de son bureau. Elle a ouvert un dossier, presque vide, a consulté les deux ou trois feuilles qui s'y trouvaient.

– Malheureusement, la lettre que nous avons fait parvenir à M. Da....

– Vous alliez me faire une confidence, là...

– Oups ! s'est-elle reprise en réprimant un sourire. La lettre que nous avons postée à l'homme qui nous a fait ce don nous est revenue avec l'inscription « Inconnu à cette adresse ». Nous avons tenté de le joindre à son travail. Le monsieur ne savait pas de quoi nous parlions. « Je ne connaîs rien à l'art », a-t-il spécifié. Désolée... Il y a peut-être confusion sur les circonstances qui ont accompagné l'acquisition de cette œuvre.

Je lui ai souri à mon tour, espérant que la sympathie que nous éprouvions l'un pour l'autre réussirait à faire fondre quelques-unes de ses réticences. Là-dessus, un de ses collègues s'est amené dans le bureau pour lui demander de l'accompagner immédiatement à l'expédition. Un problème avec un artefact de la prochaine exposition d'Arthur Villeneuve. Elle s'est excusée et l'a suivi.

Seul à présent, je surveillais les allées et venues de la téléphoniste, occupée à parler… au téléphone. Comme ma charmante hôtesse tardait à revenir, je me suis risqué à lancer un regard dans le dossier d'acquisition laissé ouvert sur la table.

J'avais l'identité du donateur sous les yeux. D'Avignon. Ce nom me disait quelque chose, mais quoi ?

Ce qui a retenu davantage mon attention, c'était l'évaluation faite par la Galerie Bernard L'Archevêque en 1990 – soit une dizaine d'années après notre entrevue avec le propriétaire. Le vieux renard avait bel et bien identifié la toile de Léo comme étant le *Portrait d'André Mathieu*, une information qui n'avait pas été officiellement retenue par le musée, où la toile répondait toujours au titre *Portrait d'un jeune homme*.

Ainsi, le tableau était revenu sous les yeux du spécialiste de l'art canadien. Selon lui, la toile valait alors 11 700 $. Mais qui la lui avait apportée ? J'ai scruté de nouveau la feuille d'acquisition. D'Avignon. N'était-ce pas le nom qu'Alizé avait aperçu en rêve ? Ainsi, par-delà les images et les symboles, elle avait vu juste. Cependant, l'homme refusait de nous confirmer son lien avec le tableau. Pourquoi ? Le mystère persiste.

La jeune directrice est revenue précipitamment dans le bureau. Malheureusement, m'a-t-elle signalé, une urgence. À la veille de l'été, c'était toujours ainsi : le personnel était débordé. Aussi, elle a suggéré qu'on se rende à la réserve sans plus tarder. Dans l'ascenseur, je lui ai avoué mon indiscrétion.

– Pourquoi le musée a-t-il négligé d'identifier le tableau comme étant le *Portrait d'André Mathieu* ?

– Effectivement, a-t-elle répliqué, j'ai pu constater cette négligence. Vous savez, au début des années quatre-vingt-dix, des milliers d'objets sont arrivés dans nos voûtes, conséquence d'une politique fiscale favorable. Le musée compte des effectifs limités. Tout le travail de recherche n'a pas été complété. Et puis nous avons eu la grande inondation de juillet 1996. Cela nous a beaucoup perturbés.

Je pense à la sépulture anonyme dans le cimetière Notre-Dame-des-Neiges : quarante ans après ta disparition, personne n'a encore pris l'initiative d'identifier l'endroit où sont enterrés tes restes. Des négligences, il y en a eu pas mal à ton endroit.

Nous étions arrivés devant le portrait. Vieux, je peux te le confirmer : il est beau. À mes côtés, la jeune directrice était émue, elle aussi. « C'est une pièce magnifique », ne cessait-elle de répéter.

– Voyez les petites touches rouges et orangées qui tapissent le fond de la toile. Une influence du Fauvisme. Et le blanc dans les yeux, et les roses et le vert sur la chemise. La composition est bien pensée. L'œil circule bien.

– Et le jeune homme qui est représenté là ? Vous le voyez comment ? ai-je hasardé.

– Ah, c'est un très bel homme. On le sent sûr de lui. La lumière vient de la gauche. Il sait ce qu'il veut.

Puis, dans un ralenti comme au cinéma, elle s'est tournée vers moi, son sourire était éblouissant, et plus tard j'ai pensé : toute ma vie est résumée dans cet instant :

– Au fait, qui est André Mathieu ?

Je n'ai pas voulu lui faire la leçon, vieux. C'est une étrangère, bien intentionnée en plus – tu as remarqué comme elle dit : notre musée, notre inondation. Alors, j'ai simplement répondu, la gorge serrée :

– Un musicien, un grand compositeur. Vous verrez, ai-je ajouté, un jour, le musée sera très fier d'exposer ce tableau.

– C'est qu'il faut un contexte. On ne peut exposer un tableau comme ça tout seul.

Un contexte.

Je l'ai embrassée. Et je suis parti. Sans jeu de mots, vieux : à toi de jouer maintenant.

FIN

CHOIX BIBLIOGRAPHIQUE

Allan, Robin, *Walt Disney and Europe,* Bloomington, Indiana University Press, 1999.

Azéma, Jean-Pierre, *La IIIe République (1870-1940),* Paris, Calmann-Lévy, 1970.

Deyglun, Serge, *Né en trompette,* Montréal, Les éditions de Malte, 1950.

Échenoz, Jean, *Ravel,* Paris, Les Éditions de Minuit, 2006.

Fousnaquer, Jacques-Emmanuel, *Rachmaninov,* Paris, Éditions du Seuil, 1994.

Garneau, Sylvain, *Poésies complètes,* Montréal, Les Herbes Rouges, 2001.

Gauthier, Yves, *Monsieur Livre Henri Tranquille,* Québec, Septentrion, 2005.

Jouanna, Claude, *Yves Nat, du pianiste compositeur au poète pédagogue,* Paris, L'Harmattan, 2005.

Lefebvre, Marie-Thérèse, *Rodolphe Mathieu,* Québec, Septentrion, 2004.

Lefebvre, Marie-Thérèse, *André Mathieu,* Montréal, Lidec, 2006.

Louÿs, Pierre, *Les Chansons de Bilitis,* Paris, Gallimard, 1990.

Malraux, André, *La Voie royale,* Paris, Grasset, « Le Livre de Poche » (dernière édition, 1992).

Martin-Fugier, Anne, *La Vie élégante ou la formation du Tout-Paris,* Paris, Fayard, 1990.

Mousseau, Jacques, *Le Siècle de Paul-Louis Weiller, 1893-1993,* Paris, Stock, 2005.

Pelletier, Wilfrid, *Une symphonie inachevée,* Montréal, Leméac, 1972.

Pouliot, André, *Modo Pouliotico,* Montréal, Éditions d'Orphée, 1989 (première édition, 1957).

Reverchon, Mona, *Yves Nat, un musicien de légende, 1890-1956*, Latresne, France, Le Bord de l'eau, 2006.

Rudel-Tessier, Joseph, *André Mathieu. Un génie,* Montréal, Héritage, 1976.

Sacquin, Michèle (sous la direction de), *Le Printemps des Génies,* Paris, Robert Laffont, 1993.

Schneider, Michel, *Glenn Gould piano solo,* Paris, Gallimard, coll. « Folio », 1994.

Schneider, Michel, *Schumann : les voix intérieures,* Gallimard coll. « Découvertes », 2005.

Vuillermoz, Émile, *Histoire de la musique,* Paris, Fayard, 1973 (dernière édition).

Woodhead, Lindy, *War Paint : Madame Helena Rubinstein and Miss Elizabeth Arden : Their Lives, their Times, their Rivalry,* New York, J. Wiley & Sons, 2003.

CHOIX DISCOGRAPHIQUE

Couallier, Réjean (piano), Quatuor Claudel, *Quintette, Trio, Trois Préludes, Sonate pour piano,* Rodolphe Mathieu, CMC 2003.

Dubeau, Angèle, violon, Louise-Andrée Baril, piano, *Sonate pour violon et piano,* André Mathieu, Opus Québec, Analekta, 1994.

Entremont, Philippe d', piano, Orchestre du Capitole de Toulouse (Michel Plasson), *Concerto de Québec, Scènes de ballet,* André Mathieu, Analekta, 1995 (enregistré en 1978).

Jeux de la XXIe Olympiade, Montréal, 1976, *Musique des Cérémonies officielles,* Disque Polydor, 1976.

Lapointe, Jean-François, baryton, Louise-Andrée Baril, piano, *Les chères mains ; Il pleure dans mon cœur ; Colloque sentimental ; Le ciel est si bleu,* André Mathieu, « Poètes maudits dans la mélodie française : Verlaine » Analekta, 2006.

Lefèvre, Alain, piano, Orchestre symphonique de Québec, Yoav Talmi, *Concerto de Québec,* André Mathieu, *Warsaw Concerto,* Addinsell, *Concerto en fa,* Gershwin, Analekta, 2003.

Lefèvre, Alain, *Hommage à André Mathieu,* Analekta, 2004.

Lefèvre, Alain, piano, Orchestre symphonique de Montréal (Matthias Bamert), *Rhapsodie romantique,* André Mathieu, Analekta, 2006.

Nat, Yves, *Les Sonates pour piano,* Beethoven, EMI 1989 (enregistrées en 1955).

Rogé, Pascal, piano, Orchestre symphonique de Montréal, Charles Dutoit, *The Piano Concertos,* Maurice Ravel, Decca, 1989.

CHOIX ARCHIVISTIQUE

Dossier du FBI sur Elizabeth Arden, http://foia.fbi.gov/foiaindex/arden.htm

Fonds André-Audet, Bibliothèque et Archives nationales du Québec, Montréal.

Fonds de la famille Mathieu, Bibliothèque et Archives Canada, Ottawa.

Fonds François-Hertel, Bibliothèque et Archives nationales du Québec, Montréal.

Fonds Mme Jean-Louis Audet, Bibliothèque et Archives nationales du Québec, Montréal.

Fonds Wilfrid-Pelletier, Bibliothèque et Archives nationales du Québec, Montréal.

Musée virtuel du Canada : http://www.virtualmuseum.ca/Exhibitions/Gestes/francais/r_msl.html

CHOIX D'ÉMISSIONS DE RADIO

Le Bel Âge, André Mathieu interviewé par Lizette Gervais, Première Chaîne, Radio-Canada, 26 octobre 1962.

Les Musiciens par eux-mêmes, Clermont Pépin se souvient d'André Mathieu, Première Chaîne, Radio-Canada, 1er septembre 1985.

Présent, André Mathieu interviewé par Andréanne Lafond, Première Chaîne, Radio-Canada, 2 février 1968.

CHOIX D'ARTICLES

Crime et Châtiment, « Comment la mort de Sylvain Garneau déclencha une " guerre " entre un journaliste et la bohème de Montréal », 17 septembre 1953 p. 4.

Hume, Paul, « Own works played here by Mathieu », *The Washington Post,* 18 avril 1951 ; ProQuest Historical Newspapers, *The Washington Post* (1877-1990) p. B8.

Mathieu, André, « Le Romantisme moderne », *La Voix du Québec,* 20 juillet 1946.

Mathieu, André, « Pour un Centre artistique à Montréal », *Le Clairon,* 1948.

Mathieu, André, « Ravel », *Le Clairon,* 13 février 1948, p. 4.

Mathieu, André, « La musique canadienne est-elle frappée d'ostracisme ? », *Amérique française,* juillet-août 1952, p. 63-64.

Mathieu, André, « Pour une véritable musique canadienne », *Place publique,* nº 3, mars 1952, p. 21.

Mathieu, André, « Hommage à mon ami Sylvain Garneau », L'œil en coulisse, 28 novembre 1953.

« Portrait du jeune pianiste compositeur André Mathieu par le peintre montréalais Léo Ayotte », *La Presse,* 14 décembre 1946.

CHOIX DE FILMS

Disney, Walt, *Fantasia,* Studio Disney, 1940, version restaurée en 2000.

Hurst, Brian Desmond, *Dangerous Moonlight,* 1941.

Labrecque, Jean-Claude, *André Mathieu : musicien,* Office national du film du Canada, 1993.

Renoir, Jean, *La Règle du jeu,* 1939.

Welles, Orson, *Citizen Kane,* 1941.

CHOIX DE TABLEAUX

Ayotte, Léo, *Portrait d'un jeune homme,* Musée de La Pulperie, Chicoutimi.

Böcklin, Arnold, *L'Île des morts,* Museum Künste, Leipzig.

Leduc, Ozias, *Neige dorée,* Musée des beaux-arts du Canada, Ottawa.

Noufflard, Berthe, *Portrait de Madame Octave Homberg, fondatrice de la Société des Études Mozartiennes,* collection privée.

REMERCIEMENTS

J'ai eu la chance de pouvoir compter sur l'aide de plusieurs personnes au cours de la préparation de ce livre. Il y a d'abord eu le réalisateur Jean-Claude Labrecque, auteur d'un film magnifique sur André Mathieu, qui m'a généreusement donné accès à sa documentation. Je ne peux passer non plus sous silence l'aimable collaboration de Varech Ayotte, qui a m'a ouvert ses archives familiales, la disponibilité de Chantal Larochelle, qui m'a fait découvrir une petite partition signée André Mathieu et héritée de sa mère, l'œil de lynx de Christine Rebours, qui m'a secondée dans mes recherches, l'accueil formidable de Ghislaine Rioux et d'Yves Gougeon, qui m'ont offert un lieu pour écrire, ainsi que le soutien indéfectible de mon éditeur Ara Kermoyan.

J'aimerais également remercier les personnes qui ont pris le temps de me livrer leurs souvenirs sur André Mathieu. Je pense en particulier à Marion Beauchemin, Jeanne Desaulniers, Jean-Claude Germain, Jacques Hétu, Claude Jasmin, Jacques Languirand, Francine Laurendeau, Jeanne Moquin, André Morin, Gunther Schuller, Madeleine Senez et Marcel Turgeon.

Je ne voudrais pas oublier tous ceux qui, par leur vaste connaissance de la vie nocturne montréalaise, m'ont fait découvrir un chapitre inédit de la culture urbaine québécoise. Je songe à Andrée Prévost et à son frère, le poète Michel Garneau. Il y a aussi mon amie Monique Roy dont la mémoire et le sens du détail m'ont permis de mieux appréhender l'atmosphère qui régnait dans ce qu'on appelait alors « la bohème de Montréal » et qui regroupait nombre d'artistes dans les cafés et ateliers autour de l'École des beaux-arts.

J'aimerais également exprimer ma gratitude à Jean Turgeon, Alain Lacoursière, Dany Laferrière, Chantal Éthier et Noémie Royer qui, chacun à leur façon, ont accepté de me donner un coup de pouce à un moment donné. Je ne voudrais pas oublier non plus la conservatrice Valérie Alpañez qui m'a finalement permis de voir ce portrait d'André Mathieu magnifiquement exécuté par Léo Ayotte et qui est conservé dans la réserve du musée de la Pulperie de Chicoutimi.

Légendes des photographies

Page 35 :
André Mathieu enfant.
Collection privée

Page 61 :
André Mathieu avec des amis à l'Anse au Foulon, à Québec, en 1939.
Debout de gauche à droite : Paul Desaulniers, André Mathieu, Jacques Desaulniers et Élise Desaulniers. Assise au premier plan : Mme Desaulniers ; à sa droite : Jeanne Desaulniers ; derrière : Camille Mathieu.
Archives Jeanne Desaulniers

Page 70 :
Léo Ayotte dans son atelier.
Archives Varech Ayotte

Page 94 :
André avec sa mère et son professeur de composition Jacques de la Presle, à Onival (France) en 1938 ou 1939.
Archives Alix de la Presle-Evesque

Page 145 :
De gauche à droite : Serge Deyglun, Charles Trenet, André Mathieu et Léo Ayotte dans l'atelier d'Ayotte, rue Saint-Christophe.
Archives Varech Ayotte

Page 178 :
Partition inédite d'André Mathieu.
Collection privée

Page 236 :
Léo Ayotte, *Portrait d'André Mathieu,* 1946, Huile sur toile, 88,7 × 75 cm.
Photographie de Paul Cimon, Collection La Pulperie de Chicoutimi, 1991-0064